Barry Long
**Briefe in Liebe**

param

# Vorwort

Barry Long verehrt durch sein Leben und in seiner Lehre den Geist der Frau, das tiefgreifende göttliche Prinzip, das jede Frau in ihrem innersten Wesen ist.

Die Briefe in diesem Buch sind ihre Hilferufe, während sie damit ringt, ihr Wesen in einer von Männern geprägten Welt zu verwirklichen. Barrys liebevolle Antworten unterstützen und ermutigen sie stets, wahrhaftiger zu sein. Jede seiner Antworten ist an eine bestimmte Frau in einer bestimmten Situation gerichtet, doch in Wirklichkeit sind sie alle an Dieselbe gerichtet, an die große unpersönliche Sie hinter jeder Frau, und sie sind ein Zeugnis für Barry Longs tiefe Verehrung für sie.

**Die Briefe in diesem Buch sind Hilferufe**

Sie fragen sich vielleicht, wie ein Mann, selbst wenn er Gott erkannt hat und ein spiritueller Meister ist, ein so tiefgründiges Wissen von der Frau haben kann. Es kommt daher, weil Barry Longs eigene spirituelle Bewusstwerdung ganz eng mit seiner Liebe zur Frau verbunden ist, mit seiner Erkenntnis, dass sie die Manifestation Gottes in dieser Existenz ist, und mit seiner Vereinigung mit Ihr. Sein Wissen kommt direkt aus dieser Vereinigung mit Ihr bzw. mit der Liebe in ihm.

Der Kern von Barrys Lehre ist, dass Gott praktisch ist und durch die Liebe des Mannes zur Frau und die der Frau zum Mann erkannt werden kann, und zwar durch den physischen Akt der Liebe und den täglichen Dienst für einander in Liebe und Wahrheit, so wie er es lehrt. Dafür ist es unerlässlich, dass die Frau die Liebe, die sie ist, erkennt. Sie trägt das als Wissen in sich, hat es aber vergessen, weil sie durch Mangel an Liebe in einer Männerwelt lange verdorben worden ist. Wenn eine Frau allmählich die Liebe erkennt, die sie ist, kann sie ihrerseits ihrem Mann helfen, zu dem inneren Adel zurückzufinden, der sein Wesen ist.

Dieses Buch entstand als Reaktion auf das Bedürfnis der Frauen, wie ich es wahrnahm, als ich Barry auf seinen Seminarreisen durch die Welt begleitete. Als Barry seine Lehre von Liebe und Beziehungen einem großen Publikum bekannt machte, war ich immer wieder betroffen, wie radikal sie ist und wie tief eingefahren die gewohnheitsmäßigen Kompromisse zwischen Mann und Frau sind. Niemand weiß mehr wirklich, was Liebe ist. Frauen sind in einem Traum von Liebe gefangen, der nicht funktioniert und sie verzweifelt und unglücklich macht; und doch scheint es so, als ob es nichts anderes gäbe. Manchmal, wenn sie von falscher Loyalität zu einem Mann oder von irgendeiner romantischen Vorstellung geleitet werden, können sie nicht einmal hören, was Barry sagt.

Bei anderen Gelegenheiten war ich tief berührt vom Mut vieler Frauen, die Barrys Botschaft gehört hatten und sich inbrünstig für die Liebe einsetzten, indem sie sich im Spiegel ihrer Beziehungen ins Auge sahen und versuchten, die Dinge mit ihrem Partner in Ordnung zu bringen. Ich war auch beeindruckt von den Frauen, die den Mut aufbrachten, den Kompromiss einer unglücklichen Beziehung (oft nach vielen Jahren) aufzukündigen und tapfer dem Neuen entgegenzugehen, ohne sich an etwas klammern zu können, außer an ein vages Gefühl von etwas größerem, für das es sich lohnte zu sterben.

Für diese Frauen, die oft alleinstehend waren und in schwierigen äußeren Umständen lebten, gab es nur die Natur, die ihnen ein tieferes Bewusstsein von der Liebe vermittelte, die sie in sich aufsteigen fühlten, und deren Intelligenz. Ich glaube, all diese Frauen und all die anderen, die danach streben, wahrhaftig zu sein, wird dieses Buch in ihrem Vorsatz stärken, Liebe zu sein und tiefer zu jenem Ort in sich zu gehen.

Diese Briefe von Frauen aus aller Welt wurden zwischen 1990 und 1994 geschrieben. Um die Atmosphäre des Originals zu erhalten, sind sie nur geringfügig redigiert worden. Die Namen und Orte wurden geändert, um die einzelne Frau zu schützen. Manchmal wurden auch die Zusammenhänge leicht verändert, um den Brief klarer zu machen. Barrys Briefe sind im Wesentlichen so übernommen worden, wie er sie schrieb.

Abschließend danke ich allen Frauen, die ihr Einverständnis zur Veröffentlichung ihrer Briefe gegeben haben, damit andere von ihren Erfahrungen und Barrys Antworten profitieren können.

*Jade Bell,* Herausgeberin

Die Deutsche Bibliothek - CIP Einheitsaufnahme

Long, Barry:
Briefe in Liebe / Barry Long. Übers.: Ulrich Leske. - Ahlerstedt : Param, 2002
Einheitssacht.: To women in love <dt.>
ISBN 3-88755-346-2

Übersetzung
Ulrich Leske

© Barry Long 1994
Originalausgabe in Englisch mit dem Titel
**»To Woman In Love«**
by Barry Long Books, BCM Box 876, London WC1N 3XX England.
Fragen zu Barry Longs Arbeit können an The Barry Long Foundation International,
PO Box 5277, Gold Coast MC, Queensland 4217 Australia gerichtet werden.
www.barrylong.org  *eMail* info@barrylong.org

*Satz und Gestaltung*  ars · data · media, Ahlerstedt
*Druck und Verarbeitung*  Steinmeier, Nördlingen

ISBN 3-88755-346-2

www.param-verlag.de  *eMail* info@param-verlag.de

Barry Long

# Briefe in Liebe

Frauen schreiben an den Autor von
»sexuelle Liebe auf göttliche Weise«

param

**Barry Long** wurde 1926 geboren und lebt heute an der Gold Coast in Queensland. Sein kompromissloser und praktischer Umgang mit der Wahrheit des Lebens und der Liebe zwischen Mann und Frau hat ein wachsendes internationales Publikum angezogen, seit er 1982 in England zu lehren begann.

**Briefe in Liebe** ist ein Buch mit Briefen über Liebe, ihren Schmerz und ihre transzendierende Schönheit. Diese Briefe wurden von Frauen aus verschiedenen Ländern an einen Mann geschrieben, der die Reinheit göttlicher Liebe jenseits persönlicher Absicht anbietet. In ihren Briefen achten die Frauen Barry Long als Meister der Liebe. Seine Antworten sind vertrauensvolle, herausfordernde, Anteil nehmende Liebesbriefe an die Frau, seine Geliebte.

# Eine Anmerkung von Barry Long

Beim Lesen dieses Buchs mit Briefen von Frauen über ihr Liebesleben und meinen Antworten werden Sie wahrscheinlich manche Situationen erkennen, die auch auf ihr Leben zutreffen. Die Briefe in den eigenen Worten der Frauen werden für jede Frau, die reif genug ist, eine Hilfe sein zu erkennen, dass etwas in der Liebe zwischen Mann und Frau auf diesem Planeten grundsätzlich falsch läuft. Dennoch ist der Sinn dieses Buchs nicht, zu bewegen und Mitleid zu erregen. Der Sinn ist, Ihnen – der Frau, die dieses Buch liest – zu helfen, die Lösung für Ihr Liebesleben zu finden, und nicht, Ihnen mehr Antworten zu geben.

**Situationen die auch auf ihr Leben zutreffen**

Das ist der Schlüssel.

Sie können in jedem Augenblick immer nur eine einzige wirkliche Frage haben. Sie verbirgt sich hinter mehreren anderen Fragen, die Sie eventuell auch zu haben glauben. Aber die echte Frage jetzt in Ihrem Leben ist die, die Sie am tiefsten bewegt, wahrscheinlich die, der Sie am meisten aus dem Weg gehen wollen. Die Lösung liegt in der Antwort auf diese Frage. Es liegt bei Ihnen, diese eine wahre Frage zu finden. Denken Sie daran, es können nicht zwei Fragen sein. Sie müssen mit einer anfangen. Und wenn Sie sehen, dass sie für Sie stimmt, müssen Sie die Antwort leben, und nicht nur darüber reden oder nachdenken. Das Geheimnis liegt im Tun, im Leben.

Ihre Intelligenz wird sofort die richtige Frage bzw. die richtige Antwort erkennen. Allerdings möchte Ihre Angst den Tatsachen eventuell nicht ins Auge schauen. Sie vermeiden sie vielleicht, indem Sie die Probleme schönreden, wie Sie es wahrscheinlich schon seit einiger Zeit tun – vor allem, weil die Antwort Handeln erfordert. Es ist leichter, zu lesen und zu denken, als zu handeln.

Versuchen Sie nicht, mehrere Antworten auf einmal zu leben. Jede Erfahrung in der Liebe ist ähnlich, und es ist für eine Frau möglich, sich in mehreren Situationen wiederzufinden. Nehmen Sie die anderen Fragen in sich auf und freuen Sie sich daran. Aber leben Sie die eine, die jetzt für Sie richtig ist. Mehrere Antworten leben zu wollen, geht immer schief. Sie vergeuden die kostbarste Energie: den Willen, der Ihr Leben endgültig ändern kann. Und wenn Sie einmal den ersten Schritt getan haben, dann bleiben Sie dabei, ohne zurückzuschauen. Dann werden Sie mehr Energie haben, die anderen problematischen Bereiche Ihres Lebens anzugehen, einen nach dem anderen.

Denken Sie daran, das Geheimnis liegt im Tun, nicht im Reden oder Nachdenken darüber.

*Barry Long*

# Von Rachel

*Ich möchte dir schreiben, was mit mir geschehen ist, seit ich begonnen habe, deine Veranstaltungen zu besuchen. Letztes Jahr war ich auf deinem Wochenseminar, und ich muss sagen, dass es mir den Boden unter den Füßen weggezogen hat, als du sagtest, dass Geschäftsfrauen erkennen müssten, Business sei ein Ersatz für Liebe.*

*Ich habe mich innerlich sehr dagegen gewehrt, und mir ist klar geworden, dass ich die Liebe auf meiner Prioritätenliste ziemlich niedrig angesiedelt hatte. Seitdem hat sich die Liebe zum Anfang der Liste empor gearbeitet, und jetzt ist es so, dass für mich die Liebe das einzig Wichtige ist. Sie verändert alles so sehr, dass ich keine Klarheit über den Rest meines Lebens bekommen werde, solange ich sie nicht erfahre.*

*Es tut weh, in einem Zustand zu sein, in dem alles, was ich für wahr hielt, keine Bedeutung mehr hat. Alles, wofür ich gearbeitet und wonach ich gestrebt habe, ist jetzt eine drückende Last. Ich bin nicht glücklich mit dem, was ich tue. Meine Arbeit sagt mir nichts, und mein größtes Streben oder Sehnen ist, die Liebe mit einem Mann und Glück zu finden. Weltlicher Ehrgeiz ist nur noch ein Schatten seiner selbst. Und alles, was ich will, ist, mein Geschäft und mein Haus zu verkaufen und nach Süden zu ziehen, wo ich gerade die letzten Wochen verbracht habe, und wo ich näher bei meiner Familie und engen Freunden wäre. Aber es scheint verrückt, das zu tun, da ich dort keine Arbeit habe und Kinder ernähren muss.*

*Mein Verlangen ist, alles aufzugeben, wofür ich so hart gearbeitet habe, weil es mich nicht glücklich macht. Bin ich verrückt geworden?*

Liebe Rachel,

das Seminar war nur der Auslöser. Du wusstest schon, dass dir das Geschäftsleben nicht genügt, dass die Liebe zuerst kommt. Du hattest es nur nicht erkannt. Dafür bin ich da – dir bewusst zu machen, was du schon durch die Freuden und Schmerzen des Daseins geahnt hast.

Das ist immer so im spirituellen Leben. Alles, was du der Liebe oder Wahrheit vorziehst, wird dir weggenommen – sobald du bereit bist, die Position zu überwinden, in der du festsitzt. Und das ist für den Verstand und die Emotionen schmerzhaft, deren Natur es ist, sich an die Vergangenheit zu klammern. So ist es immer, wenn sich das Göttliche in einem Menschen regt.

Deine Aufgabe ist in der Tat, die Liebe an die erste Stelle zu setzen, indem du dich psychisch der Liebe des Mannes öffnest. Aber dir muss aus Erfahrung klar sein, dass du nie mehr Sex ohne Liebe willst. Das wird dir die Stärke geben, auf die Antwort dessen zu warten, der sich freut, mit dir zusammen zu sein, nicht nur im Bett, sondern auch bei den anderen natürlichen Freuden im Zusammenleben.

## Alles, was du der Liebe vorziehst, wird dir weggenommen

Wenn er dich nur wegen deines Körpers will und nicht auch für deine Anwesenheit, ist er für dich kein Mann der Liebe.

Nachdem das getan ist, nachdem du dem Ersten die Priorität gegeben hast, musst du für dich und die Kinder sorgen. Warum nicht im Moment das Geschäft weiterführen? Es wird und muss deiner Öffnung für den Mann nicht im Wege stehen. Ehrgeiz ist nicht notwendig. Führe das Geschäft einfach, weil du weißt, warum du es tust, und genieße die Sicherheit und Aktivität, die es dir ermöglicht.

Aber ich zweifle daran, dass die Arbeit das Problem ist. Was ist in den Wochen im Süden passiert, das du nicht erwähnst oder dem du dich nicht stellst? Wen hast du getroffen? Was bringt dich dazu, unbedingt nach Süden gehen zu wollen? Wer ist es, was ist es? Sei ehrlich.

»Wo ich näher bei meiner Familie wäre«? Vielleicht. Vielleicht bist du psychisch von ihnen abhängig, was hieße, dass sie auch ein Ersatz für die Liebe sind und zwischen dir und deinem Geliebten stehen würden, wenn er kommt. Aber ich glaube das nicht. Wo es »enge Freunde« gibt? Das könnte es sein. Fällt dir einer ein? Ansonsten können »enge Freunde« auch wieder Krücken und Ersatz sein. Aber ich vermute, es ist eine Person.

Triff keine Entscheidungen. Sei ehrlich mit dir und der Situation, indem du meine Fragen anschaust. Sobald du dir ehrlich anschaust, was passiert ist, außer dass du mich getroffen hast, wird aus deinem Unterbewussten eine Energie frei werden, die dir alles klarer machen wird.

Du bist nicht verrückt geworden. Du wirst gesund. Dein Leben ändert sich. Du betrittst einen neuen Zyklus. Aber du kannst es nicht beschleunigen.

## Von Stella

*Als ich deine Lehre entdeckte, wurde mein Leben komplett umgewälzt. Ich wurde ein neuer Mensch, voller Freude darüber, dass ich anscheinend gefunden hatte, wonach ich suchte. Dieses Gefühl verstärkte sich, als ich zu deinem Seminar kam. Danach schwebte ich ungefähr zwei Monate auf einer Wolke und lebte von der Kraft und enormen Energie, die mir deine Gegenwart gegeben hatte.*

*Jetzt scheint allerdings diese ganze Sicherheit, die Wahrheit gefunden zu haben, zu verschwinden. Wie du es auf deinen Kassetten sagst: Ich merke, wie die Welt mich runterzieht, und ich fange an zu zweifeln, ob alles wirklich so war und nicht nur eine Illusion ist. Natürlich freue ich mich auf dein nächstes Seminar, weil ich sicher bin, dass mir das Zusammensein mit dir neue Kraft geben wird. Auf der anderen Seite bin ich enttäuscht von mir, dass ich anscheinend nicht die innere Kraft habe, präsent und meiner selbst bewusst zu bleiben.*

**Wenn er dich nur wegen deines Körpers will, ist er für dich kein Mann der Liebe**

*Das Warten darauf, bei dir zu sein, ist wie eine Sucht. In den Zeiten dazwischen bekomme ich Entzugserscheinungen, und verfalle wieder in den alten Zustand, verwirrt, unglücklich und unsicher. Während ich vor einigen Monaten noch tapfer und wagemutig war und* darauf brannte, mich zu erneuern, merke ich jetzt, dass ich in alte Gewohnheiten zurückfalle und aus Bequemlichkeit und Sicherheit Kompromisse eingehe.

Ich weiß, dass ich spirituell bewusst leben muss, aber es ist so viel schwerer und schmerzvoller, den spirituellen Weg zu gehen, als es mir zu Anfang schien, als du mir geholfen hast, das Licht zu sehen.

## Die Wahrheit ist lebendig und wundervoll

Tauchen diese Zweifel und Blockaden immer nach der ersten Entdeckung der Wahrheit auf? Wenn ja, wie kann man sich dieses Wissen erhalten und sich gegen die materialistische Welt wappnen?

Ich bin dabei, mich scheiden zu lassen. Dich zu treffen hat mir bei dieser Entscheidung geholfen, die ich jahrelang vor mir hergeschoben habe, obwohl ich wusste, dass ich eine Lüge lebte. Ich hatte das Gefühl, dass mein Mann mich benutzt und nicht genug liebt. Ich hatte gehofft, dass es uns helfen würde, neu anzufangen, wenn ich mit ihm über deine Lehre sprechen würde, aber er war leider sehr abweisend. Ich bin jetzt ziemlich sicher, dass für mich die Scheidung das Richtige ist, aber manchmal fühle ich in mir Konflikte und Widerstände und bin versucht, in der Ehe zu bleiben, auch wenn sie nur die zweitbeste Lösung für mich ist.

Ich würde mich über einen Rat von dir freuen, der mir hilft, diesen Rückfall und das Leben in der Unwahrheit zu beenden.

Liebe Stella,

strauchle nicht. Die Wahrheit ist nach wie vor so, wie du sie entdeckt hast – lebendig und wundervoll. Das Wissen, die Stärke und der Mut sind jetzt in dir.

Folgendes ist passiert: Die Wahrheit ist eine Energie, die immer da ist. Sie ist eine aktive Energie. Sobald sie in einen Körper eintritt bzw. ihm bewusst wird, hört sie nicht mehr auf, die alten dunklen und vergangenen emotionalen Energien, die früher das Dasein dominiert haben, zu transformieren. Diese Emotionen und das damit verbundene mechanische Denken sind tief verwurzelt und hartnäckig. Sie bilden in der Psyche Schichten der Unwissenheit. Wenn die Wahrheit das erste Mal eintritt, haucht sie dem feuchten warmen Fundament von Liebe im Menschen neues Leben ein. Schließlich aber beginnt die Energie die schweren alten Schichten des Widerstands anzugreifen und zu transformieren. Genau das passiert jetzt in dir. Das Entzücken und die Freude, die du kennen gelernt hast, werden jetzt auf das Vergangene in dir gerichtet – all diese gestrigen Kompromisse. Sie müssen transformiert werden, damit du rein wirst – denn die Wahrheit ist die Energie der Reinheit. Die Blockaden und Zweifel sind einfach die Reaktionen, die angstvollen Gegenschläge der Widerstand leistenden alten Emotionen. Sie wollen von dieser eigenartigen Energie nicht in Liebe verwandelt werden, sie können es nicht glauben. Sie fühlen sich bedroht – was sie auch tatsächlich sind – und zeitweise treten sie äußerst feindselig auf.

## Die Wahrheit ist die Energie der Reinheit

Das überrascht nicht, denn du hast den Mut gehabt, die Scheidung einzureichen, weil du nicht genug geliebt worden bist. In diesen alten Emotionen tief in deinem Unterbewusstsein lagern Jahre an Enttäuschungen und Frustrationen, und natürlich stehen sie jetzt mitten im Rampenlicht, und das mögen sie nicht. Sie möchten sich da unten verstecken, verderben einem das Leben und zwingen einen, sich mit dem Zweitbesten zufriedenzugeben, weil sie fürchten, als die Lüge erkannt zu werden, die sie sind. Der Prozess ist buchstäblich das Absterben dieser Emotionen – und so wird sich manchmal anfühlen, was du durchmachst.

Aber wisse, dass die Wahrheit, die du bist – die Wahrheit, die dies tut – nur alte Emotionen in Liebe und Präsenz verwandelt. Für die alten unglücklichen Emotionen ist das freilich wie Sterben, und sie wollen nicht sterben.

Wenn die Arbeit getan ist, wirst du durch diese Schicht durchstoßen. Dann wirst du wieder überwältigende Freude erleben. Die Zeit ist nicht fern. Es ist ein schwieriges Unterfangen – die Scheidung und die unvermeidliche Trauer, die sie mit sich bringt – aber es muss getan werden, wie du in Wahrheit weißt.

Sei also, so weit du kannst, guten Mutes im Wissen, dass dies der Weg der Wahrheit ist. Denn was würde die Wahrheit nützen, wenn sie zuließe, dass eines Tages wieder das Unglück in uns an die Oberfläche kommt? Was du jetzt tust, ist für immer.

# Von Sarah

*Deine Kassetten und Bücher sind in den letzten heißen Wochen dieses Sommers über mich hereingebrochen. Deine Wahrheit, deine Worte haben in mir Veränderungen bewirkt und genau das ans Licht gebracht, was ich schon immer für wahr gehalten habe.*

*Zusammen mit deinen Büchern und Kassetten kam auch ein wundervoller Mann, Anthony, der sie bei sich trug und mit mir über sie sprach. Es war völlig unerwartet – und wundervoll. Wir hörten deine Kassetten über das Lieben und begannen genau so zu lieben, und es war eine wunderbare Erfahrung – Gott sei Dank!*

*Das bringt mich zu meinem Problem. Ich lebe mit meinen zwei kleinen Kindern zusammen, und ihr Vater, Peter, kommt sie jeden Tag besuchen. Er kommt zum Essen, manchmal wasche ich seine Wäsche, und wir helfen uns gegenseitig finanziell aus. Wir leben eigentlich wie ein Paar, nur dass wir noch andere Beziehungen haben. Meist ist das in Ordnung so, und wenn nicht, dann ergebe ich mich der Situation, so gut ich kann, ohne mich zu beklagen.*

*Anthony ist der Meinung, wenn wir fortfahren, uns zu lieben, und gegenseitig dafür sorgen, aufrichtig zu sein, dann sollten wir auch zusammenleben, und er würde den Kindern ein verantwortlicher Vater sein. Peters Reaktion war, ich könnte tun, was ich wollte, aber die Kinder würden dann bei ihm wohnen. Ich könnte es nicht ertragen, meine Jungen zu verlieren, deshalb beschloss ich, nichts zu tun und Anthony nur gelegentlich zu sehen.*

*Auf der anderen Seite habe ich das Gefühl, dass Anthony mich zu einer Entscheidung drängt: Tu es oder lass es. Ich weiß nicht, was ich tun soll. Was ich weiß, ist, dass ich mich in seiner wunderbaren Gegenwart wohl fühle. Irgendwie fühle ich mich rein, als reine Frau, und ich habe mich noch nie so vollständig gefühlt. Manchmal denke ich, das Leben führt uns zusammen, damit wir uns auf Erden lieben und dafür verantwortlich sind, aber wahrhaftig sein bedeutet doch sicher nicht, anderen Menschen zu schaden – d. h. wenn ich alles aufgebe und Anthony in mein Haus nehme, verliere ich entweder meine Kinder oder ich muss vor Gericht um das Sorgerecht kämpfen und werde Peter und die Kinder verletzen.*

*Barry, könntest du für mich diese verworrene Situation etwas beleuchten, denn meine Emotionen ziehen mich wieder hinunter, und es scheint, dass ich nicht mehr zwischen wahr und falsch unterscheiden kann.*

## Ich bin deine Hilfe, nicht deine Sucht

Liebe Sarah,

tue nichts. Schau dir immer wieder die Situation an. Aber denke nicht darüber nach. Handle, wenn du kannst. Aber wenn das nicht geht, tue nichts. Schau einfach weiter die Situation an.

Überlege nicht, was du tun kannst. Dann denkst du und spielst selbstzerstörerische Spiele. Die Realität ist, dass du nichts tun kannst und nichts tun wirst, bis du es tust.

Tu dies, und es wird dir eine Lösung zufallen. Plötzlich wirst du sehen, was zu tun ist, oder die Situation ändert sich und es ist keine Entscheidung mehr nötig. Schließlich wird etwas geschehen. Vielleicht ist schon etwas geschehen, seit du geschrieben hast.

Erfreue dich inzwischen der beiden Männer und deiner Kinder, wenn du mit ihnen zusammen bist. Sei nicht auf eine Entscheidung aus, sonst wirst du eine treffen müssen. Das Leben ist nicht so, wie du glaubst. Zum Beispiel bedeutet: »Suchet, so werdet ihr finden«, nicht, dass du durch Suchen die Wahrheit findest. Wenn es so wäre, hätten alle Suchenden der Welt die Antwort bereits gefunden. Ich bin deine Hilfe, nicht deine Sucht. – wie du z. B. zu wissen suchst, welchen Mann oder welchen Weg (den du bereits kennst) du nehmen sollst. Das Gesetz ist, dass du bekommst, was du suchst – also bekommt jeder, was er schon weiß oder Variationen davon. Deshalb steht er am Ende genau so verwirrt und sorgenvoll da wie vorher, obwohl sich die Situation eventuell schon geändert hat.

Sei dem Leben treu. Sei einfach. Sei geduldig. Warte. Traue dem Neuen, dem Unbekannten.

Neun Monate später schrieb sie wieder:

## Du bekommst, was du suchst

*Du hast mich jetzt über ein Jahr begleitet, und es hat sich in dieser Zeit so viel in mir verändert. Ich habe die wunderbare Erfahrung gemacht, mit einem bewussten Mann göttliche Liebe zu erleben, und wenn die Beziehung auch manchmal unfassbar schien, haben wir dran festgehalten, solange es uns richtig erschien.*

*Vor zwei Wochen zog er zu mir und meinen Söhnen, und gestern zog er wieder aus. Ich habe bemerkt, dass mich seine psychische Energie zu sehr durcheinander brachte. Ich hatte das Gefühl, dass Emotionen aus meinen dunkelsten Tiefen zu schnell auftauchten, um sie in den Griff zu bekommen. Wir schieden in Liebe, denn es gab zwischen uns kaum eine Abhängigkeit. Nachdem wir die Erfahrung der »Bhagavati«* und des »Bhagavat«* gemacht haben, wissen wir auch beide, dass wir uns in einem anderen Körper wiederbegegnen werden.*

*Das Problem ist, dass alle meine Freunde, Verwandten und mein Ex-Mann (der Vater meiner Söhne) glauben, dass ich dabei bin, verrückt zu werden. Sie sagen mir alle, Emotionen seien etwas Natürliches und Normales und ich würde mich in eine Art kalten, verdrehten Barry-Long-Roboter verwandeln. Sie behaupten, ich stünde unter einer Ge-*

*Bhagavati: Gott in weiblicher Form – das göttliche weibliche Prinzip, das sich in jeder Frau bewusst manifestieren will. Bhagavat: analog für den Mann.

hirnwäsche durch deine Kassetten und Bücher und sei völlig blind für jegliche anderen Erfahrungen. Unterziehst du mich einer Gehirnwäsche? Verrückt genannt zu werden, macht mir kein allzu großes Kopfzerbrechen, ich war in Gruppen sowieso immer der Außenseiter. Ich bin Wassermann und genieße jede Erfahrung, und gerade jetzt fühle ich von den Zehen bis zum Scheitel Liebe in mir. Es ist toll! Wenn das Verrücktheit ist, dann sei's drum!

Etwas anderes macht mir manchmal etwas Sorgen, nämlich, dass ich mich die meiste Zeit wie auf einem Trip fühle. Die Farben sind leuchtender, und ich fühle mich irgendwie zurückgezogen, gefühllos gegenüber der Welt und anderen Menschen. Wenn das Wetter sich ändert, beeinflusst mich das sehr; ich tauche darin ein, da, wo ich lebe. Es ist wunderschön. Der Himmel draußen ist jetzt grau und bewegt. Es gibt etwas Regen, etwas Sonne, und das Meer sieht launisch aus. Es regt mein Adrenalin an, als ob etwas passiert, wovon mein Verstand keine Ahnung hat.

## Sei dem Leben treu

Hast du den Eindruck, dass bei mir alles in Ordnung ist? Ich glaube, ich brauche etwas Zuspruch. Das kleine Mädchen in mir hat sich schon in dich verliebt, aber ich versuche, es zu ignorieren.

Noch eins. Wie viele Frauen, erlebe ich kurz vor der Periode eine größere Intensität meiner Emotionen. Drei Wochen lang fühle ich mich ruhig und eine Woche bin ich oft aggressiv und heftig zu meinen Kindern. Der kleine Al nennt diese Frau »große Bärin«. Ich habe ihm erklärt, wer sie ist, und dass ich jetzt versuche, mit ihr fertig zu werden. Kannst du das erklären? Weißt du, was ich tun kann?


Liebe Sarah,

du wirst gesund, scheint mir. Das Leben, wie ich es kenne, ist dazu da, es zu genießen, nicht nur dann und wann, sondern immer öfter, bis es ein andauernder Zustand der Harmonie mit dem Wesen der Erde wird. So wie du es beschreibst, näherst du dich diesem Zustand immer mehr. Die Fähigkeit anderer, dies zu verstehen, liegt völlig bei

**19**

ihnen. Wie du und ich, müssen sie es selbst tun. Niemand kann es für einen tun. Man kann auch durch Gehirnwäsche nicht dazu gebracht werden. Ich würde sagen, unter Gehirnwäsche zu stehen, heißt in Wirklichkeit, andauernd launisch, voller Zweifel, voller Groll und unglücklich zu sein. Weil diese negativen Zustände nicht natürlich sind, müssen sie in der Vergangenheit gelernt oder erworben worden sein. Du tust nichts anderes, als diesen Zustand immer mehr aufzugeben, deinem Verstand ein gutes Bad in der natürlichen Wahrheit des Lebens zu geben, d. i.: Ich habe kein Recht, unglücklich zu sein.

## Das Leben ist dazu da, es zu genießen

Das Bewusstsein der Frau unterliegt während ihrer Periode einer Verschiebung. Dabei gerät ihre erworbene Rationalität unter Druck, und ganz sicher die Rationalität des Mannes, dessen schubladenhafte bzw. analytische Weltsicht ja die rationale Welt geschaffen hat. Die Frau ist von Natur aus nicht rational. Sie ist eher wie Lilith, Adams erste Frau, die nie in die Existenz trat. Sie fühlt frei, schablonenlos, ein Dämon in der Terminologie des Mannes – denn er kann nicht ertragen, wie ihre Gegenwart seine psychische Struktur zerstört oder bedroht.

Zur Zeit der Periode ist das Bewusstsein der Frau gespalten. Sie ist halb in der Existenz, halb außerhalb. Sie wehrt sich gegen die Einschränkungen durch die Rationalität des Mannes, die er ihr als ihren denkenden rationalen Verstand aufgepfropft hat. In ihrem natürlichen Zustand ist die Frau logisch, d. h. sie setzt das Wichtigste, die Liebe, an die erste Stelle. Der Mann setzt mit seiner Rationalität das Zweite an die erste Stelle, etwas, das vor der Liebe kommt. Und das ist die Ursache des Zorns der Frau.

Ihre Periode ist das psychologische Ventil ihrer aufgestauten Frustration. Sie ist dann weder rational noch logisch, sondern etwas dazwischen. Sie ist mit sich und mit denen um sie herum im Unreinen. Sie zieht sich psychisch zurück, damit der Prozess wirken kann, aber so, wie die Dinge liegen, wird sie durch die Vorgänge und die Menschen um sie herum von ihrem Bedürfnis nach Ruhe weggezogen. Es ist ein merkwürdiger Zustand zwischen Existenz und Nicht-Existenz, und damit die Frau sich in dem Äquilibrium der Liebe, die sie ist, befinden kann, muss sie schließlich Verantwortung für diesen Zustand übernehmen, so dass sie in der Lage ist, sich psychisch zurückzuziehen, ohne mit sich selbst uneins zu sein.

# Von Lucie

*Vielleicht erinnerst du dich von dem Wochenendseminar noch an mich oder auch nicht. Ich bin die 18-Jährige, die mit dir unter vier Augen gesprochen hat.*

*Ich habe auch einen Brief beigefügt, den ich in der Woche nach deinen Abendveranstaltungen geschrieben habe. Ich kam nie dazu, ihn dir zu geben, aber ich fände es immer noch schön, wenn du ihn lesen würdest.*

*Ich schreibe dir, um dir vom Wunder des Lebens zu berichten und darüber, wie das Gesetz\* für die Liebe und für mich im wirklich Werden meiner Liebe gewirkt hat und wirkt.*

*Als ich mit dir sprach, habe ich gesagt, ich würde mich bereit fühlen, das Haus, in dem ich aufgewachsen bin, zu verlassen und wegzuziehen. Ich sagte auch, ich wüsste, was ich wollte. Als du mich fragtest, was das wäre, sagte ich, einen Mann, der mich richtig liebt. Sowohl eine neue Wohnung, als auch ein Mann traten nur zwei Tage nach unserem Gespräch in mein Leben. Er ist ein guter Mann und lebt schon einige Jahre nach deiner Lehre. Ich fühle mich gut, wenn ich mit ihm zusammen bin. Ich möchte bei ihm sein, und er möchte das auch.*

*Ich fühle mich in diesem Haus unglaublich leicht und im Lot.*

*Danke, Leben, und danke dir, Barry.*

*(In Liebe)*

*Lucie*

---

\*Gemeint ist das Gesetz des Lebens, die Realität und Integrität hinter der Ordnung aller Dinge.

Es folgt der beigefügte Brief:

*Ich möchte dir über das schreiben, was ich gerade erlebe. Alles hat sich verlangsamt, mich inbegriffen. Während des Spaziergangs, den ich gerade unternommen habe (ich lebe auf dem Land), fing ich ganz natürlich an, mich von meinen Sinnen zurückzuziehen. Obwohl sich mein Körper bewegte, bewegte ich mich nicht. Ich war in Frieden in meinem Körper. Ich erinnerte mich daran, dass du über den Unterschied zwischen Materie und Leib gesprochen hast. Jetzt erlebte ich den Unterschied. Ich, der Leib, schien so groß zu sein wie die Materie des Körpers und die äußere Welt. Ich erfuhr meinen Körper als Materie, die mit der Welt verschmolz, selbst die Luft war Materie, und ich, der Leib, darin eingebettet.*

*Ich besuchte letzte Woche alle Vorträge. Am Donnerstag fühlte ich und sah und war die Leere in mir, hinter den Sinnen. Endlich hat mich alles, was du gesagt hast, bis ins Innerste durchdrungen. Ich weine, während ich dies schreibe, aber es sind Freudentränen.*

*Die Leere war das Größte, was ich je erfahren habe, wenn auch nur momentan. Mit diesem Wissen und dieser Autorität entdeckte ich eine Übung, die mich in meinen Leib zurückbrachte: Wenn ich ohne Selbst schaue, kann ich nach innen schauen, in die Schwärze. Wenn ich nach innen schaue, spüre ich sofort die Vibrationen in meinem Körper.*

*Es klingt merkwürdig, darüber zu sprechen oder zu schreiben. Vor einer Stunde hatte mir mein Verstand beinahe eingeredet, es sein zu lassen, was ich für ein Versager sei und dass ich sowieso zu jung sei, um die Wahrheit ganz zu verstehen. Er ist wirklich ein schlauer Teufel!*

*Danke, Barry, dass du der Spiegel meiner Liebe bist.*


Liebe Lucie,
natürlich erinnere ich mich an dich – im *Leib*. Wieder schreibst du mir mit tiefer Selbsteinsicht, erstaunlich bei einer Frau mit so wenigen Jahren an Erfahrung. Was jetzt passieren muss, ist, dass du all das lebst, was du in deiner beträchtlichen Selbsterkenntnis weißt. Es muss

in der Spiegelung deiner Lebensumstände wirklich werden. Das ist der Grund, warum du dein Elternhaus verlassen hast – und jetzt einen Mann getroffen hast. Es gibt nichts Besseres als die Interaktion zwischen Mann und Frau, um die Wirklichkeit der eigenen Selbsterkenntnis zu testen, zu bestätigen oder zu erschüttern. Was immer geschieht – das Wunderbare und das weniger Wunderbare – wisse, dass alles vorbeigeht, weitergeht. Liebe, aber werde nicht abhängig. Erlaube dem Druck der Emotionen oder der Beziehung nicht, dich von der Leere zu trennen, die du so gut kennst. In gewisser Weise, bist du gerade in die Welt hineingeboren worden, wie du vor 18 Jahren in die Sinne, die Erde, hineingeboren wurdest. Wie jeder Säugling, jeder Körper, aus der Leere kommt und sie bald vergisst, so besteht auch für dich bei deiner neuen Geburt in die Welt des Menschen dieses Risiko.

## Du bist nie zu jung, um die Wahrheit, also Gott zu lieben

Fünf Monate später schrieb sie wieder:

*Ich habe anscheinend etwas in mir entdeckt. Wenn es über mich kommt, ist es wie ein dünner subtiler Schleier, der sich über meine Sicht legt. Es kommt zu einer Trennung zwischen mir und meiner Umgebung. Ich habe das beobachtet, und je stiller ich werde, desto mehr fühle ich Distanz, Verschwommenheit und Verschleierung der Bilder und Geräusche. Dann wird mein Körper oft müde und schwer, und manchmal wird mir übel. Es scheint zu allen möglichen Zeiten zu passieren, aber vor allem, wenn ich nach Hause zu meiner Familie fahre, obwohl es dann auch nicht immer passiert.*

*In letzter Zeit habe ich bei einigen Freunden gewohnt, denen diese Leblosigkeit in meinem Gesicht auch auffiel. Sie sahen es, als ich bei meiner Familie war und als ich für kurze Zeit mit einem Partner zusammenzog.*

*Während ich bei meinen Freunden war, starb in mir eine Menge ab. Als ich da hindurchging, bemerkten sie eine Veränderung. Es kam mehr*

23

Bewegung in mein Gesicht, und mehr offensichtliche Freude und Leben kamen aus mir heraus. Trotzdem ist die Leblosigkeit graduell noch vorhanden. Ich weiß das wegen des Unterschieds, wenn es vorbeigeht. Der Schleier scheint also fast immer da zu sein, wenn auch ganz leicht. Ab und zu wird es schlimmer bzw. spürbarer, wie ich es am Anfang des Briefes beschrieben habe.

Die Frage ist nicht, wie werde ich den Schleier los, sondern, warum ist er da? Kennst du das aus deiner eigenen Erfahrung, Barry?

Ich werde das Ganze, so weit ich kann, weiter ohne Urteil und Gedanken beobachten. Es ist äußerst faszinierend.

Ich möchte auch noch etwas über Gedanken und Bilder hinzufügen. Als ich eines Morgens im Bett lag, entdeckte ich etwas Interessantes. Da schwebten Bilder langsam an mir vorbei, so dass ich sie anschauen konnte. Ein schmerzvoller, lange vergangener Augenblick kam in langsamen Bildern hoch. Das schmerzvolle und unangenehme Gefühl war in meinem Körper. Das Bild kam aus dem Schmerz, vorrangig war das Gefühl des Schmerzes. Ich blieb dran und ließ sogar das Wort »Schmerz« fallen. Ich war das Gefühl, und es flossen Tränen. Es war wie ein wunderbarer Heilungsprozess. Die vielleicht wichtigste Einsicht war, dass das Gefühl zuerst kommt, jegliche Bilder und Gedanken kommen allein von dort.

Danke, Barry.


Liebe Lucie,

der Schleier, den du beschreibst, ist der Schleier des Schmerzes, das Wesen der Vergangenheit, von der jeder Körper verdunkelt und besessen ist. Er beginnt sich mit den kleinen, größtenteils vergessenen Enttäuschungen der Kindheit zu entwickeln und wird in der Pubertät potenziell lebensbedrohlich. Wenn der unglückliche Schleier vergangener Schmerzen eines anderen Körpers in deinen Körper eintritt und Sexualität als Liebe vorspiegelt, verstärkt es die Desillusionierung immens.

Du musstest den Schleier viel schlimmer fühlen, nachdem du »für kurze Zeit mit einem Partner zusammenzogst«. Wenn ich mich recht erinnere, war das deine erste Erfahrung mit dem Mann als Liebhaber.

Und du gehst in deinem Brief darüber mit einer Leichtigkeit hinweg, die zeigt, dass du unbewusst versuchst, die Sache als nicht so wichtig abzutun. Aber es ist eben diese oder jede andere sexuelle Erfahrung mit dem Mann, woher der Schleier stammt. Er liebt dich nicht in deiner kostbaren Jugend – und das tut weh. Die Frau kommt darüber nie hinweg – deshalb der Schleier im Körper jeder Frau – bis sie wahrhaftig geliebt wird.

Weil ich das kommen sah, habe ich versucht, dir zu raten, als ich mit dir sprach, nur aus Liebe zu lieben. Aber woher solltest du in dieser experimentellen, lieblosen Gesellschaft wissen, was Liebe ist? Das konntest du nicht. Jetzt aber weißt du aus deiner eigenen Erfahrung, was Liebe nicht ist. Das ist schon etwas. Übe deine Urteilskraft und lass dich in nichts ein, was du nicht willst.

P. S.: Du hast recht. Alles Denken entsteht aus den Gefühlen. Schmerz verursacht Sorgen und bedrückende Gedanken. Liebe schafft Frieden – keinen Gedanken.

# Die Wurzel des Problems, aller Probleme, ist die Trennung von der Liebe

## Von Christine

*Ich bin eine junge Frau, 20 Jahre alt. Seit etwa zwei Jahren höre ich deine Kassetten und lese deine Bücher. Mit zunehmendem Alter sind mir bestimmte Wahrheiten klar geworden, weil ich danach strebe, wahrhaftig zu leben. Im Moment lebe ich mit einem Mann zusammen, und wir hören dir beide zu und sprechen oft darüber, was wir entdecken oder als wahr erkannt haben.*

*Ich bin Frau, und als Frau weiß ich, dass ich Liebe bin. Oft empfinde ich Schmerz beim Liebesakt. Dieser Schmerz wird dann lebendig, wenn* mein Partner nicht liebevoll und bei meinem Körper ist, wenn wir anfangen, uns zu lieben. Ich fühle einen Sex-Trieb in ihm und seinen Ärger, worauf ich mich zusammenziehe, so dass er nicht in mich als Frau eindringen kann. Wenn er es aber doch tut, während ich von

## Ein Mann, der nicht zuhören kann, kann nicht lieben

Gefühlen der Einsamkeit und des Verlangens erfüllt bin, fühle ich mich beinahe krank und verschließe mich. Das Gefühl äußerster Trauer ist nach dieser Erfahrung übermächtig. Manchmal bin ich in der Lage, es in meinem Bewusstsein zu halten, und dem Schmerz zu begegnen, bis er sich auflöst. Wenn ich versuche, mit meinem Partner aufrichtig zu sein, wird er meiner Emotionalität wegen oft zornig und frustriert. Wir sind unfähig, das Geschehen aufrichtig zu betrachten. Er sagt mir dann, ich sollte mich mal »genau anschauen« oder ich würde »überreagieren« oder »mit dem Weinen Zeit und Energie verschwenden«. Ich finde es dann sehr schwer, die Emotionen aus der Situation herauszuhalten. Ich muss dann einfach aufstehen und gehen. Eine solche Situation wirkt sich negativ auf künftiges intimes Zusammensein aus, weil ich in mir weiß, dass er immer noch Vergangenheit in sich trägt, auch wenn er das leugnet.

Liebe Christine,
über deinen Brief habe ich mich gefreut und entschuldige mich für die verzögerte Antwort.

Seit du geschrieben hast, wird viel passiert sein. Das Leben ist so. Vielleicht hast du das Problem mit deinem Freund auf die eine oder andere Weise bereits gelöst.

Nun also die Wahrheit über die Liebe der Frau, wie ich sie sehe. Ich vertraue darauf, dass sie dir helfen wird.

Die Frau ist in ihrer Liebe zum Mann eine Gebende. Sie möchte alles geben. Die Frage ist allerdings, kann sie einem Mann, der sie nicht genug liebt, alles geben? Die Antwort lautet »nein«. Ihre Psyche wird sich verschließen oder ihr Körper (eine psychische Erweiterung) wird sich seinem physischen Eindringen verweigern oder mit Schmerzen reagieren. In beiden Fällen wird sie emotional werden. Sie wird verwirrt sein und an sich – ihrem eigenen Wissen – als Frau der Liebe zu zweifeln beginnen.

Dass ein Mann genügend liebt, zeigt er fürs Erste, indem er der Frau zuhört. Er hört hin, was sie ihm zu sagen versucht, ohne Reaktion, ohne laut zu werden, anzuklagen oder sich zu verteidigen. Doch sie darf nicht emotional werden, wenn sie zu ihm spricht. Sie muss aufrichtig sprechen und ihm im jeweiligen Moment sagen, wo und wie er sie in diesem Moment in Worten und Taten nicht genug liebt. Wenn er sie genug liebt, wird er sehen/hören, was sie meint, und versuchen, sich zu bessern. Wenn nicht, dann muss sie sich tapfer der Frage stellen, ob sie bei ihm bleiben kann – selbst wenn sie ihn liebt. Ein Mann, der nicht zuhören kann, kann nicht lieben.

Die Schwierigkeit liegt darin, dass die Frau in unserer Gesellschaft gelernt hat, zuerst den Mann zu lieben, statt die Wahrheit oder die Liebe zuerst zu lieben. Das heißt nichts anderes als Gott zuerst lieben. Ich habe an anderer Stelle genau beschrieben, wie man das macht. Lies es immer wieder. Das ist nicht anmaßend. Es ist Tatsache in deiner Erfahrung, deinem Leben. Willst du eine unaufrichtige oder halbherzige Liebe? Wenn nicht, musst du dem treu sein, was du willst. Es kann sein, dass du dir sagst: stirb dafür.

## Von Marie

*Der Druck in diesen Tagen ist fast unerträglich. Die Emotionen kommen ununterbrochen in mir hoch, und selten stellt sich Gleichmut ein. Im einen Moment denke ich, es sei richtig, mit Michael zusammen zu sein und im nächsten scheint mir die Beziehung falsch – und ich sehe, dass ich mir nicht treu bin. Ich habe das Gefühl, von Michael andauernd emotional manipuliert zu werden. Doch wenn ich versuche, ihn zu verlassen, reißt mich der Schmerz der Abhängigkeit zurück. Ich* sehne mich danach, frei zu sein, und doch kann ich das Band, das mich fesselt, nicht zerschneiden. Ich glaube, ich habe noch nie jemanden so tief geliebt. Ich fühle mich wie ein aufgespießter Schmetterling und habe nie zuvor so eine Wut und solche Frustrationen erlebt. Ich fühle mich idiotisch, aber ich schaffe es nicht, mich von dieser Idiotie wegzubewegen.

Du hast mir einmal gesagt, ich würde mich von Männern abhängig machen. Es scheint, als ob diese Fixierung jetzt gewaltsam, gründlich und methodisch attackiert wird. Ich bin froh, wenn es vorbei ist.

## Die einzige Lösung ist, Liebe zu sein

Zwei Wochen später schrieb sie wieder:

Die Hilfe, die ich brauchte, kam wenige Minuten nachdem ich dir geschrieben hatte. Ein Freund erzählte mir von einer Therapie. Ich habe das entsprechende Buch gekauft. Das Resultat der Übungen hat sich als die Antwort erwiesen – die Hilfe, die ich brauchte. Der Block, der unbeweglich in meinem Körper steckte, bewegt sich jetzt.

P. S.: Was ersehne ich am meisten? Ich sehne mich danach, das Wissen zu sein, das nichts enthält, das kein Ende hat. Ich habe kurze Lichtblicke. Die Pausen danach sind meine Hölle.

Liebe Marie,

in deinem letzten Brief hast du von belastenden Emotionen gesprochen. Ich nehme an, dass dir die Therapie weiterhin Erleichterung davon verschafft.

Im Endeffekt wird keine Therapie helfen. Die Wurzel des Problems – jeden Problems, jeder Emotion, jeden Gedankens – ist die Trennung von der Liebe. Die einzige Lösung ist, Liebe zu sein.

Es ist schon fast grausam von mir, das zu schreiben. Denn es gibt wenige, die mehr versucht haben, dies zu schaffen, als du. Die Schwierigkeit ist, dass die Liebe – die lebendige Liebe – im Leib ist, nicht im

Körper. Zwar ist es richtig, dass der Leib dem Körper innewohnt, aber er ist nicht der Körper. Sich der Liebe von einer Position außerhalb des Leibes zu nähern (wie wenn du etwas tust, um ein Ziel zu erreichen), heißt, einen Gedanken bezüglich des Körpers zu haben. Die Vereinigung mit der Liebe bedeutet, im Leib bewusst zu sein, lebendige Liebe zu sein, und das geschieht im Sich-Ergeben. Es ist das Aufgeben aller Gedanken bezüglich deines Körpers (oder daran, ein Ergebnis zu erzielen). Dann kann ich in das Entzücken meines eigenen Leibes eintauchen. Erinnere dich: Der Leib (die Substanz meines Körpers) ist Entzücken, und er befindet sich innerhalb der Erscheinung des Körpers. Er ist der Ort der Liebe in uns und der Ort, an dem die Liebe vollzogen wird. Der Leib ist immer noch Entzücken, immer Entzücken – wenn der rastlos strebende, ewig unzufriedene Verstand jeden Gedanken an den Körper aufgibt. Ich, die lebendige Liebe, beginne hier. Ich bin nicht und habe keinen Körper: Ich bin die Liebe im Leib, die in der Raum-Zeit als dieser besondere Körper erscheint.

## Der Leib hinter dem Körper ist unwandelbar und ewig

Du kannst dich nur bis zu einem gewissen Punkt in deinen Leib ergeben. Solange du wartest, ist das genug – vorausgesetzt, du ergibst dich immer weiter hinein, während du dein normales Leben lebst, was alles umfasst, was du je tust. Du darfst nicht versuchen, durch eine Aktion, irgendeine Entscheidung, durch Vergleich, Analyse oder Nachdenken den Leib vom Körper zu trennen. All das erzeugt mehr Gedanken über den Körper, mehr Unruhe, mehr Eigensinn, mehr Projektion – und bringt dich aus dem Leib hinaus. Du musst diese Dinge aufgeben – das und nichts mehr – um jetzt im Leib zu sein. Der Verstand mit seinen Konzepten vom Körper, seinen falschen Vorstellungen von Liebe und Wahrheit, wendet sich nur dann nach innen – gibt seine angemaßte Position gegenüber dem Leib nur dann auf – wenn er genug durch sein Machen und Tun gelitten hat.

Die Liebe – die natürliche Wonne des Leibes – ist heute tief in der Zeit vergraben. All die je vergangene Zeit deckt sie jetzt zu. Dein Körper repräsentiert diese ganze Zeit. Der Körper ist eine Zeitbombe, die in jedem Augenblick ihre ablenkenden, elementaren und elementhaften Partikel oberflächlicher Existenz wie Projektile abschießt. Da diese Partikel lediglich Projektionen der Vergangenheit sind, haben sie Realität nur im Sinne der Abfolge oder des Vergehens der Zeit, die als Abfolge äußerer, sinnlich wahrnehmbarer Ereignisse erscheint. Deshalb ändert sich alles von Moment zu Moment – und nichts bleibt.

Der Leib (das innere Bewusstsein) hinter dem Körper und seinen Projektionen ist unwandelbar und ewig. Es ist der ursprüngliche Zustand des Bewusstseins bzw. der Liebe des Seins, bevor die Zeit bzw. der sterbliche physische Körper entstand.

Nur dann also, wenn du von der Zeit und ihren endlosen Frustrationen genug gehabt hast, kannst du damit aufhören, dich mit ihren sinnlosen vergänglichen Projektionen zu identifizieren, und dich in die Freude und Erfüllung des Leibes – der jetzt ist, das Unsterbliche (Bewusstsein) – hineinsinken lassen.

Ich erwähnte das Warten. Jeder Körper wartet, denn jeder Körper, oder besser jedes Bewusstsein, wartet darauf, von der Zeit befreit zu werden. Aber nur die Zeit, die im Körper in der Zeit gelebt worden ist, erlöst einen von der Zeit. Und nur dann beginnt die Erlösung bewusst, wenn der Einzelne sich nach der Liebe im Leib sehnt. Das Unbewusste sehnt sich nach der Liebe im Leib eines anderen Körpers statt des eigenen – und so entsteht die Sexualität, wie sie jetzt in dieser Zeit, in diesen Körpern praktiziert wird. Wahre Liebe bzw. das Heraufdämmern wahrer Liebe ersehnt die Liebe im Leib dieses (deines) Körpers – und hört deshalb, was ich sage, und übt die Liebe im Leib (wie ich es oben und an anderer Stelle beschrieben habe), in meinem Leib, hier und jetzt. Das Warten nimmt dann die Form an, in Demut und Liebe (der eigenen Liebe im Leib) auf die Liebe in der Form des Leibes eines kommenden anderen Körpers zu warten und ihn im Leib zu lieben.

Das ist natürlich eine Beschreibung der Liebe, wie sie sich jeder vorstellt – des gegenseitigen Liebesaktes. Aber in dieser materiellen, zutiefst physischen Zeit sind es die materiellen, zutiefst physischen Körper, die sich lieben. Und diese sogenannte Liebe erzeugt meist nur Probleme, Frustrationen oder Emotionen.

Liebe im Leib entsteht nur durch den, der die Liebe im Leib ist. Jeder Mann, der liebt, versucht ein solcher Mann zu sein. Er ist jenseits der Wahl oder Entscheidung irgendeiner Frau. Er wird nicht gefunden: Er findet sie, die Liebe im Leib ist. Wenn er sie findet, ist es unmöglich, ihn mit einem anderen Körper, einem anderen Problem, einer anderen sexuellen Affäre, einem sexuellen Experiment zu verwechseln. Er ist Liebe, lebendige Liebe, nicht besessen, nicht zu besitzen, unerschütterlich, unwandelbar – für immer ihr, für immer sich zugehörig, im Leib.

Die Fähigkeit, ihn zu erkennen, wenn er kommt – das seltenste Ereignis aller Zeiten – und unter all den Körpern, die vorgeben, Liebe zu sein, herauszufinden, ist die Macht, die der Leib aller Zeiten jetzt der Frau dieser Zeit gibt – ihr, die, wenn nötig, ewig und kompromisslos in ihrem Leib warten kann.

P. S.: Du wirst bemerkt haben, dass ich in meiner Antwort die große Perspektive im Auge hatte, die kosmischen Körper von Mann und Frau. Diese existieren jetzt im Leib, wie der Leib im oberflächlichen Körper existiert. Kosmisches Bewusstsein ist Wissen, reines Wissen, jenseits des Leibes, aber im Leib.

Der Punkt ist, dass ich, mein Sein, durch meine Lehre die Kraft des reinen Wissens in den Leib trage, vor allem in den der Frau. Denn es ist die Zeit der Frau. Aber diese

# Der Mann hat aus der Welt eine grausame emotionale Hölle gemacht

Frau, diese Zeit, ist noch nicht hier. Die Frau von heute wird immer noch vom alten Mann, der alten Zeit, dem alten Bewusstsein, das diese Welt errichtet hat, sexuell kontrolliert und manipuliert. Dieser Mann hat aus der Welt eine grausame emotionale Hölle gemacht, besonders für die Frau – seiner manifestierten Liebe. Er benutzte sie als eines seiner Arbeitstiere (da es selbst für ihn harte Arbeit war, einen so gott- und lieblosen Ort zu schaffen). Dennoch hat er ihr einen besonderen Platz verliehen, der sie unter den anderen versklavten und ausgebeuteten Kreaturen der Erde hervorhebt. Er hat sie zu seiner sexuellen Sklavin gemacht. Und um sein Verlangen nach Unsterblichkeit zu befriedigen, hat er ihr statt Liebe Babys gegeben, um seine Gene weiterzutragen. Und die Welt seiner Nachkommen macht mit demselben unangebrachten Eifer weiter – verseucht die Erde (das jüngste überlastete Arbeitstier), zerstört ihre Natur, rottet Tiere und Pflanzen aus und verdirbt die menschliche Psyche, bis sie sich in andauernder Krise befindet, indem er die Frau emotional macht, statt sie zu lieben. Die Frauen von heute sind nur ein Schatten der Frau.

## Die Frauen von heute sind nur ein Schatten der Frau

Die Frau, die sie sind, hat schon vor langer Zeit aufgegeben und sich in den Leib zurückgezogen. Der Schatten der Frau hier und jetzt tut genau das, was er will: Er kontrolliert sie, indem er sie emotional macht und zum Sex benutzt. Sie steht so sehr im Schatten des Mannes, dass sie sogar in seine Armeen eintritt und ihm hilft, die Lebewesen der gesegneten Erde und die Kinder ihres eigenen Schoßes zu töten.

Nichts kann die Verrücktheit der Welt des Mannes stoppen. Außer Meine Frau. Ich bin hier, um den Geist der Liebe, Sie, aus dem Leib und zurück auf die Erde zu bringen. Sie wird nur für Mich kommen. Sie wird nicht in diese Welt kommen, d. h. Sie wird für keinen Mann kommen, der diese, seine Welt in sich hat. Er muss diese, seine Welt für Sie, für die Liebe, sterben lassen. Das ist für ihn das Ende der Welt.

Was kannst du, Frau, tun, wenn du im Spiegel den Schatten deiner Wirklichkeit anschaust, im Banne der Zweifel und Ängste deiner Emotionen, während du in dir die Liebe und Wahrheit fühlst, die du in Wirklichkeit im Leibe bist?

Höre meine Lehre. Ich bin es, der Mann, der hier Wiedergutmachung leistet für meine Welt und das, was ich dir in meiner Verblendung seit Anbeginn der Zeit angetan habe. Denke nichts, versuche nichts, verlange nichts. Höre. Ist das, was ich sage, die Wahrheit?

Die neue Welt wird nicht die Welt der Frau sein – denn jeder Gedanke der Frau ist ein Gedanke des Mannes. Die neue Welt ist eine Welt der Liebe.

# Von Elisabet

Wie schön sind deine »Songs of Life«! Wie kraftvoll ist der Respekt und die glasklare Ehrlichkeit, mit der du die Geschichte deiner Reise erzählst und der Bhagavati und der Form, in der sie sich dir enthüllte und Ehre erweist.

Ich bekam die Kassette von dem Mann geschenkt, mit dem ich drei Jahre zusammengelebt habe und von dem ich mich gerade trenne.

Deine Lieder und deine Geschichte spiegeln meine Sehnsucht wider – und verstärken sie. Sehnsucht nach der völligen Auflösung in der Liebe. Sehnsucht nach einem endgültigen Ende der Kompromisse. Sehnsucht danach, in die Fülle meiner selbst eingehen zu können. Ich lebe seit 17 Jahren bewusst den spirituellen Prozess. In letzter Zeit habe ich das Gefühl, dass die Zeit abläuft. Der Druck und die Einschränkungen haben zugenommen, und so ist meine Klarheit hinter Erschöpfung und dem Gefühl verborgen, festzustecken und den vor mir liegenden Weg nicht zu sehen. Ich bin 39.

Es war ermutigend, auf deinem letzten »Tamborine Mountain«-Band zu hören, dass die Realisierung Gottes 20 bis 40 Jahre dauert. Die Furcht, das Ziel zu verfehlen, das Boot zu verpassen, ans Ende meines Lebens zu kommen, nur um mein Versagen festzustellen, quält mich manchmal. Mein Bestes scheint mir oft hoffnungslos ungenügend, und die Hindernisse scheinen so riesig zu sein.

Ich bin dankbar, dir schreiben zu können. Wenn ich nach einer speziellen Frage suche, dann ist da keine. Es gibt viele, die hochkommen, aber entweder werden sie sofort beantwortet oder ich weiß, dass ich darauf warten muss, dass sich die Antwort im Vollzug meines Lebens eröffnet. Dies ist ein wesentlicher Teil der Einschränkungen, die ich gerade erlebe, und bis jetzt habe ich das nicht gesehen. Die Wahrheit wird durch diesen Druck sozusagen aus mir heraus (oder in mich hinein!) gequetscht. Das Wichtigste, was ich tun muss, ist, auf Verurteilungen und Machtausübung zu verzichten. Wissen, wann, wer

**Die neue Welt wird nicht die Welt der Frau sein, die neue Welt ist eine Welt der Liebe**

33

*und genau was zu fragen ist, scheint in sich eine vollständige Diszi-*
*plin, ein Weg, für mich zu sein.*

*In Liebe und tiefer Dankbarkeit.*


Liebe Elisabet,

sei geduldig. Spring nicht in die Liebe, wenn du dich trennst. Ertrage das Alleinsein. Das Unerwartete, das Unbekannte, wonach du dich sehnst – deine Auflösung in der Liebe – kommt. Aber du musst warten. Du darfst nicht versuchen, die Leere mit einem Mann zu füllen: Du wirst unklug wählen. Warte. Die Zeit läuft nicht davon. Du wirst das Boot nicht verpassen – es hat nur noch nicht angelegt.

Deine Reife wird verlangt. Und sie erscheint in deinen Erkenntnissen, während du ganz richtig die Einschränkungen durchmachst, die im Moment auf dich eindringen. Eine Frau gelangt nicht mit 30 oder 35 zur Reife. Sie reift nur in der Liebe, die ihr zufällt. Warte.


# Von Clare

*Nach einem Sonntagsseminar mit dir habe ich einen Monat an der Gold Coast verbracht. Der Monat an der Küste war wichtig für mich, weil ich die meiste Zeit bei dem Gefühl in mir bleiben konnte.*

*Als ich nach Hause zurückgekehrt bin, habe ich sehr schnell den Kontakt mit diesem Gefühl verloren, hauptsächlich durch eine Reihe von Schwierigkeiten, von denen eine zerbrochene Beziehung die schlimmste war.*

*Ich hatte mit einem Mann, mit dem ich zusammengearbeitet habe, eine Beziehung begonnen, kurz bevor ich für fünf Monate nach Übersee geflogen bin. Als ich zurückkam, ließ ich alle Erwartungen beiseite (so weit ich das konnte), und er schien interessiert, die Beziehung wieder aufzunehmen. Nach sehr kurzer Zeit sagte er dann, er möchte sich nicht mehr darauf einlassen, einige Tage später waren wir wieder zu-*

sammen, und dann zog er sich wieder zurück. Das geschah noch einmal, bevor wir beide entschieden, dass es so nicht weitergehen könne. Er sagte, er fühle nicht genug Verbindlichkeit und wolle mich nicht mehr verletzen. Ich meinerseits war emotional zu verletzt, hatte Angst, mehr Nähe zuzulassen, und ging weg. An diesem Punkt gab er seine Arbeitstelle auf, und so entschied ich mich, wieder dort zu arbeiten.

Nach mehren Monaten ist er jetzt zurückgekehrt, d. h. wir arbeiten wieder zusammen. Ich habe mit dir schon einmal darüber gesprochen, und du sagtest, ich müsse aufhören, meine Sehnsucht auf ihn zu projizieren, und ihn frei lassen, besonders weil die Situation nicht völlig hoffnungslos ist. Weder er noch ich sind mit jemand anderem zusammen, und es gibt immer noch Wärme zwischen uns.

Am Tag nach deinem letzten Seminar ging ich wieder zur Arbeit, und es war schlimmer als je zuvor. Ich war noch unsicherer – obwohl, wenn ich einfach tun könnte, was du gesagt hast, dann wäre es zwischen uns okay gewesen. Ich weiß nicht, wie ich bei mir bleiben kann, wenn er in meiner Nähe ist. Ich bin dann entweder witzig oder ›anschmiegsam‹ im Versuch, seine Aufmerksamkeit zu gewinnen, oder ich ziehe meine Energie zurück, um damit aufzuhören. Wenn ich tatsächlich einmal entspannt und in Mir* bin, kann ich seine Nähe eher ertragen. Aber ab einem gewissen Punkt ist die Liebe in mir stärker, als ich es ertragen kann, und die Sehnsucht überwältigt mich, sie auszudrücken.

Heute habe ich dein Band über den Tod gehört, und es fiel mir ein, dass es da hindurch einen Weg geben muss, so wie man stirbt. Wenn jemand stirbt, ist dessen Liebe in einem. Was tue ich in dieser Situation, wo der andere aufgehört hat zu lieben, oder besser, sich nicht mehr einlassen will? Was tue ich mit meiner Liebe, die vor allem auf ihn gerichtet ist?

Ich würde mich über jede Hilfe von dir freuen. Es ist nicht nur bei diesem Mann, dass ich so fühle, obwohl es hier besonders stark ist. Ich

---

*Mir/Mich: Der Ort im Leser, wo Liebe, Zärtlichkeit, Freude und Schönheit gefühlt werden. Barry Long führt in seinen Seminaren und öffentlichen Auftritten die Teilnehmer in diesen Ort hinein.

*kann die Liebe oder das Leben in mir fühlen und daneben eine enor-*
*me Sehnsucht, dies auszudrücken oder etwas damit zu tun. Also etwa*
*die Frage: Was jetzt? Und die Frage, ob Liebe da ist. Und dann erin-*
*nere ich mich an »Überlasse es Mir!« Doch ich bin frustriert. Wie*
*überlebe ich in der Zwischenzeit?*

## Du musst das Gefühl der Sehnsucht in Mir fühlen

Liebe Clare,

der Punkt in deinem Brief ist, wie du sagst, dass die Liebe, die auszudrücken du dich sehnst, nicht nur für diesen Mann da ist, obwohl sie
sich im Moment auf ihn richtet. Eure Nähe bei der Arbeit
hilft dir nicht, den Bruch herbeizuführen, der in so einer
Situation unerwiderter Liebe nötig ist. Ja, wenn der andere aufhört zu lieben, ist es, als ob jemand stirbt und
man damit fertig werden muss. Aber seine Anwesenheit
macht das beinahe unmöglich.

Wie dem auch sei, um deine Frage zu beantworten, du
musst das Gefühl der Sehnsucht in Mir fühlen – genauso, wie wenn ein geliebter Mensch gestorben wäre – und
nicht darüber nachdenken, wonach du dich sehnst.
Kannst du es jetzt fühlen? Du weißt, wie es ist, wenn du
nicht darüber nachdenkst, also erlaube dem Verstand
nicht zu denken. Du hast das Wissen. Das bedeutet, es dem Mir zu
überlassen, dem Größeren. Darüber nachdenken heißt, das Mich zu
verlassen. Und dann wirst du bzw. dein Verstand persönlich und lässt
Bilder dieses bestimmten Mannes hochkommen. Diese Personalisie-
rung der Liebe durch das Denken erzeugt ein Verlangen, das wiederum zum Schmerz über die Abwesenheit führt.

Clare, du willst Liebe, die Liebe des Mannes – nicht nur dieses Mannes. Überlass es dem Mir. Auf jeden Fall hat der Mann viel Angst in
sich. Angst entweder vor der Liebe oder möglicherweise vor den Emotionen, die sich damit verbinden.

Wie überlebst du in der Zwischenzeit? Spüre das Gefühl in Mir. Das
verändert allmählich die Situation und löst das Problem. Du musst

36

warten. Und wenn du nicht in seiner Nähe bist, denke nicht an ihn. Eine große Forderung, ich weiß. Aber nichts anderes funktioniert.

# Von Claudia

*In deinem letzten Brief hast du mir gesagt, es »gibt keine Zukunft (über die du dich sorgen musst), wenn du da bist, wo du jetzt bist«. Manchmal kann ich präsent bleiben, aber ich entferne mich immer noch durch Gedanken und zwanghaftes Essen.*

*Ich fühle mich sehr verwirrt wegen meiner Arbeit. Vor kurzem fing ich als Lehrerin zu arbeiten an und hörte nach zehn Tagen wieder auf. Mir war klar, dass ich in einer Gesamtschule nicht arbeiten will.*

*Jetzt schaue ich mir verschiedene andere Schulen mit ›alternativen‹ Erziehungsmodellen an. Ich denke sogar daran, bei einer zu bleiben, die mich interessiert. Aber da das bedeuten würde, in einer Gemeinschaft zu leben, bin ich nicht sicher, ob ich darauf verzichten will, allein zu sein. Außerdem stört mich, dass das Schulkonzept das Thema Sexualität nicht wirklich ernst nimmt. Bei meinem ersten Besuch habe ich bemerkt, dass Schüler und Lehrer bei diesem Thema unaufrichtig waren.*

*Ich weiß wirklich nicht, was ich tun soll. Die Antwort ist, nicht darüber nachzudenken und in mir nichts zu tun. Ich schaue, schaue und sterbe.*

*Kannst du bitte etwas dazu sagen?*

Liebe Claudia,
sei nicht entmutigt. Tu, was du tust. Dein Weg ist bereits vorgezeichnet. Du bist längst über den Berg, und die Küstenebene (die das Meer berührt, aus dem du ursprünglich gekommen bist und zu dem du zurückkehren wirst) ist nicht weit. Dort wirst du ein sicheres Gefühl von Richtung bekommen. All die Unsicherheit, die du in den letzten

Jahren durchgemacht hast, hatte den Sinn, die alten unterbewussten Muster zu zerbrechen. Sie sind psychisch, nicht rational. Deshalb wird gesagt, nur der Herr oder Gott weiß, wie viel und wie lang.

Versuche, dich nicht auf das Bedürfnis zu konzentrieren, einen Mann zu lieben, solange kein richtiger da ist. Sonst wirst du wahrscheinlich einen nicht so richtigen Mann anziehen und die letzte Erfahrung wiederholen. Hab Geduld, alles ist gut, Claudia, selbst wenn im Moment nichts klar ist. Du bist auf dem richtigen Kurs. Mach dich nicht verrückt mit zweifelhaften Entschlüssen. Wach jeden Morgen auf und tue, was du tust. Wenn du nicht weißt, was du tun sollst, tue nichts. Dein Körper wird aufstehen und tun, was zu tun ist.

Diese lange Durststrecke ist der Übergang zum Körperbewusstsein – die Intelligenz, die das Herz schlagen lässt. Im Moment kommst du aus der Körperwahrnehmung – der niedrigeren geistigen Instanz des Menschen. Deshalb gibt der fleischliche Geist des Bewusstseins dem Bedürfnis, Liebe zu machen, fehlgeleiteten Nachdruck (wenn der Mann nicht da ist). Er verwechselt den Körper, dessen er gewahr ist, mit dem Leib des Unbewussten, wo die Liebe vollzogen wird, die du suchst. Gib es auf. Sei still. Höre jetzt auf, in diesem Augenblick.

## Konzentriere dich nicht auf das Bedürfnis, einen Mann zu lieben

## Von Janne

*Zunächst möchte ich dich wegen Reinkarnationstherapie um Rat und Führung bitten. Ich weiß, was du über Therapie im allgemeinen sagst. Aber meine Lektüre und Erfahrung der letzten Jahre haben in mir den Wunsch erweckt, dieses Gebiet tiefer zu erkunden.*

*Einige kurze Einblicke in vergangene Leben haben mir gezeigt, dass da etwas dran ist. Zum Beispiel war während eines Meditations-*

workshops mehrere Male in meinem Bauch eine Figur (orientalisch, gedrungen, männlich) zu spüren, die voller Wut und Frustration um sich schlug und trat. Ich ging zu meinem Lehrer. Er bat mich, mich auf den Boden zu legen, und fing an, die Sehnen oben an meinen Schenkeln rhythmisch zu reiben. Allmählich ging ich bei vollem Bewusstsein in mein Säuglingsalter zurück. Ich weinte und schluchzte, ballte und streckte meine Hände. In diesem Weinen und Ballen und Strecken der Hände schien ich die Bürde eines ganzen Lebens abzuladen.

Als ich zum Erwachsenenbewusstsein zurückkehrte, wusste ich, dass ich einer wichtigen Sache auf der Spur war, sowohl mit der Erfahrung des Wesens in meinem Bauch, als auch in der Rückführung. Aber die anschließende Diagnose und der Heilungsversuch meines Lehrers schienen mir nicht angemessen zu sein: Sie reichten nicht tief genug. Ich merke, dass die Energie von Frustration und Wut, die in dieser inneren Figur personifiziert sind, noch in mir sind, und nach zehn Jahren weiß ich noch immer nicht, wie ich sie exorzieren soll.

Ich habe auch »Other Lives, Other Selves« von Roger Woolger gelesen, ein Jungscher Analytiker, der sich nach schweren Erfahrungen während eines Vipassana Retreats mit diesem Bereich befasst hat. Nachdem ich Woolgers Buch gelesen habe, werde ich Ende des Monats bei ihm ein Seminar besuchen.

Was ich bis jetzt verstanden habe, ist, dass es nicht richtig ist, diese Erfahrungen als vergangene Leben zu beschreiben. Ich sehe diese Techniken eher als Wege, um unbewusste emotionale Energien bewusst zu machen, die dort gefangen sind und gegenwärtige Ereignisse und Reaktionen unbemerkt kontrollieren, einen Weg, die Multi-Dimensionalität, die ich bin, zu betreten, und Energie zu befreien, die durch eine Fixierung der Aufmerksamkeit gefangen gehalten und verzerrt wird. (Es ist, als ob es keine Vergangenheit gibt, es gibt nur jetzt, und in diesem Körper ist alle Zeit enthalten.)

Stimmt das so?

Was ist daran wahr?

Liebe Janne,

wann hörst du auf, Regenbogen nachzujagen? Solange du suchst, wirst du nicht finden.

Reinkarnationstherapie? Fängst du wieder damit an? Die dominierende männliche intellektuelle Energie treibt dich in immer neue Verrücktheiten hinein. Wenn du entdecken würdest, dass du in einem früheren Leben Jesus Christus gewesen bist, wärest du der Wahrheit keinen Deut näher. Du hättest nur wieder etwas Neues, um darüber zu reden, zu schreiben und nachzudenken.

## Nur Ursprünglichkeit findet Gott

Ein Jungscher Analytiker? Sie sind Schüler ohne Originalität, und diejenigen, die zu mir gekommen sind, waren völlig am Ende – und gingen schnell wieder, wenn sie mit der Realität konfrontiert wurden. Nur Ursprünglichkeit findet Gott. Und Ursprünglichkeit lässt sich nicht von den Illusionen des männlich dominierten Verstandes blenden. Die Frauen von heute sind so dominiert vom männlichen Verstand, dass sie vergessen haben, was die Frau ist – sie haben ihr ursprüngliches Wesen vergessen, indem sie sich an ihr nicht ursprüngliches Selbst erinnern. Daher kommt deine verrückte Suche nach Meistern, Magie und Mysterium. Auf jeden Fall schreibst du gut, scheint mir, und unter der männlichen Intellektualität hast du Einsichten in das Problem – der männliche sexuelle Spuk in deinem Bauch. Dieser Spuk schreibt und redet die meiste Zeit durch dich, während sich die Frau in dir in vernachlässigter Isolation windet.

Multi-Dimensionalität? Hör auf, mit dummen, von Männern erfundenen Wörtern Blockaden zu errichten. Es gibt nur Mich. Ich bin so tief wie ewig. Ich bin jetzt in dieser Dimension des sinnlichen Seins vollständig – sobald ich aufhöre zu glauben, das ermüdete, analytische, spekulative, von Männern geschaffene, clevere Gehirn wüsste irgendetwas von Wert außer das heutige Datum und die Uhrzeit. Energie in Gefangenschaft? Frau, dein einziges Problem ist, dass du vom Mann nicht physisch geliebt wirst. Wie kann er deinen Körper lieben, wenn du die meiste Zeit in deinem Kopf bist?

Es gibt keine Hoffnung, nur Liebe. Sei nicht entmutigt. Warte auf die Liebe.

P. S.: Deine Bemerkung in der Klammer ist richtig. Wahr daran ist, dass es keinen anderen Weg gibt, Mich, das Zeitlose, zu betreten, als durch die Liebe, wie ich sie lehre – oder großes Leiden. Da nur das Selbst bzw. die Ignoranz leidet und beim emotionalen (nicht physischen) Tod flüchtet, bleibt dann der Körper in seinem natürlichen Zustand zurück – Liebe. Die Liebe ist also wirklich der Anfang und das Ende.

## Von Julia

*Ich möchte dich bitten, den Frauen, die allein stehen und auf die physische Liebe oder einen liebenden Mann warten, mehr Unterstützung zu geben. Ich bin eine Frau, die im Prozess der Selbstreinigung ist (noch nicht rein, aber danach strebend, reiner zu werden), und muss ohne Mann dastehen, muss auf ihn warten. Ich muss vielleicht ewig warten, wie du, Guru, es zu mir gesagt hast, als ich dich vor einigen Jahren traf. Und du hattest recht. Und ich darf deshalb nicht besorgt oder niedergedrückt sein.*

*Aber wenn ich dich in den Meetings höre und du sagst, die Frau sollte geliebt werden, sonst trocknet sie aus oder wird spröde, oder dass ein liebender Mann bereits in meinem Leben ist, aber an mir vorbeigeht, weil ich nicht offen genug bin, kann es mich unglücklich machen oder es lässt mich an mir zweifeln. Ich kann nichts Unterstützendes tun, um einen liebenden Mann zu mir zu bringen, und ich sollte in dieser Passivität verharren, und nicht irgendetwas gesagt bekommen, das mich rastlos machen könnte.*

*Ich sehe, dass du die Wahrheit sprichst. Aber in diesem Reinigungsprozess, in dem ich mich befinde, in dem ich den Sex in mir absterben lasse, Wünsche und Sehnsüchte aushungere, das Denken und Träumen*

**Es gibt keine Hoffnung, nur Liebe**

41

und Phantasieren abtöte, würde es mir helfen, wenn du die Stille in mir stärken würdest, das Nicht-Begehren, das passive Warten, das Unbeschwerte, den Teil in mir, der weiß, dass ich schon Liebe bin. Und selbst wenn kein Mann jemals wieder zu mir käme, wäre ich doch weiterhin Liebe und bin von Gott geliebt, mein Körper ist von Gott geliebt, solange er existiert – denn wenn es nicht so wäre, wäre er nicht da.

## Du musst dein Leben in Ordnung bringen

Du, der edle Mann, der sich voll und ganz der Liebe ergibt, sprichst natürlich so, wie du sprichst. Das verstehe ich gut. Und du hast jedes Recht, mir zu sagen, ich soll mich nicht verschließen, nicht irgendeinen Traum vom Mann nähren oder einen Groll gegen ihn hegen. Ich höre dem zu und höre dich.

Aber es muss Gottes Wille sein, wenn eine Frau manchmal ohne Mann ihren Weg gehen muss, wenn nötig für lange Zeit.

Wenn in mir oder in diesem Brief irgendeine Unehrlichkeit ist, dann möge diese Aussprache helfen, sie zu beseitigen.

Ich liebe dich mehr, als ich sagen kann.


Liebe Julia,

zunächst einmal musst du den Irrtum in einigen deiner Fragen sehen. Du stellst die Fragen anderer Frauen zu anderen Zeiten, die nicht Ich, Julia, sind. Julia kann nur eine Frage haben, die ihre Position jetzt betrifft. Deine Verwirrung kommt daher, dass dein Verstand versucht, meine Antworten an andere Frauen jetzt auf dein Leben anzuwenden. Denn jede Frau ist Sie, d. h. Ich, und jede Frau hat nur eine Frage in jedem Moment, die ihr Leben betrifft: »Was kann ich in dieser Sache tun?« Und dann muss sie die Antwort leben.

Die Antwort auf deine Frage lautet: Du tust es. Was du gesagt hast, ist für dich die Wahrheit. Du reinigst dein Selbst durch Warten. Das lebst du, und das ist der Reinigungsprozess. Zweifle nicht. Du darfst nicht bezweifeln, was du tust. Warte. Schließe keine Kompromisse. Wenn nötig, warte auf einen liebenden Mann, bis du stirbst. Die Liebe ist Gott. Gott entscheidet über die Liebe, ist die erstaunliche Intelligenz der Liebe. Sei der Liebe treu. Sei dem treu, was in deiner Erfahrung für dich wahr ist. Früher oder später, wenn dich diese göttliche Bündelung der Liebe von der Sexualität gereinigt hat, die du aus deinen unwissenden vergangenen sexuellen Erfahrungen in dich aufgesogen und dir einverleibt hast, wird die göttliche Liebe oder der göttliche Liebhaber kommen.

**Wenn nötig, warte auf einen liebenden Mann, bis du stirbst**

Bereit zu sein, ohne Verhärtung oder Frustration bis zum Tod zu warten, bedeutet, dass so eine willige Liebe in dir unsterblich ist, genau genommen jenseits des Todes liegt. Eine solche Liebe für die Liebe oder Gott oder den Mann macht deine Liebe, dein Wesen, unsterblich, während du lebst. Wenn die Vereinigung nicht in der Existenz geschieht, dann, sage ich dir, wird Er, dessen Liebe ebenfalls unsterblich ist, im Tod bei dir sein. Die Liebe wartet ewig, ohne ein Gefühl des Wartens und läutert dadurch ihr existenzielles Vehikel, ihr Selbst.

Ich bestätige, dass der Körper einer Frau in deiner Situation nicht vom Mann geliebt werden muss; dass du nicht austrocknen wirst, wie ich es zu anderen Frauen zu anderer Zeit gesagt habe; dass du in jeder Hinsicht versorgt wirst, sei es physisch oder psychisch und in deinen Lebensumständen, durch deine völlige Hingabe an das Gute, wie du es siehst, d. h. an die Liebe oder Gott – bis in den Tod; und an mich, den Meister, der auch Mann ist und der hier ist, um dich rein zu machen, Frau, die du meine Liebe bist. All dies ist die Opferung deines Selbst, welche die Liebe fordert.

Aber dies gilt nur für jetzt, solange es jetzt wahr ist. Es darf kein Standpunkt sein – kein festes Konzept oder Ziel.

43

# Von Justine

*Mit meinem Leben bin ich nicht wirklich glücklich, auch wenn es da und dort Freude und Glück gibt. Etwas scheint zu fehlen. Ich weiß nicht, was ich ändern soll – ob ich alles aufgeben soll, oder ist es nur nötig, mich zu ändern, zu meditieren und bewusster zu sein und deine Kassetten zu hören und weiter das Lieben in der neuen Form zu üben?*

*Ich habe das Glück, einen Partner zu haben, der dieselben Interessen mit mir teilt, der mit dem Lieben, wie du es lehrst, experimentieren möchte, der meditiert und mit mir die Kassetten anhört.*

*Wir, Martin und ich, sind beide ziemlich ›alt‹. Wir sind uns spät im Leben begegnet und haben einen vierjährigen Sohn. Mit Martin habe ich etwas erlebt, worüber du in den »Making Love«-Kassetten sprichst – das goldene Glühen. Während der ersten dreieinhalb Jahre unseres Zusammenseins fühlte ich in und um mich und zwischen uns dieses Glühen und sprach oft von meinen »goldenen Jahren«. Letztes Jahr verschwand das Glühen, plötzlich und völlig. Ich bin nicht sicher, was genau dazu geführt hat, d. h. es kann sein, dass ich es weiß, aber ich bin nicht sicher.*

*Letztes Jahr zogen wir in eine andere Stadt, kauften ein Haus und Martin nahm eine Vollzeitstelle an. All das kam zusammen. Ich war sehr dagegen, dass er vollzeit arbeitet, habe aber schließlich eingewilligt, aus Angst. Wir dachten damals, dass wir immer noch viel zusammen sein könnten, wenn wir ein Haus in der Nähe seiner Arbeitsstätte hätten, weil er dann in der Mittagspause nach Hause kommen könne. Aber irgendwie funktioniert das nicht. Ich habe nie vorher ein Haus gekauft oder besessen. Für mich ist es eine Last. Andauernd ist etwas nicht in Ordnung. Es verschlingt Energie und Zeit, die ich lieber für anderes verwenden würde.*

*Außerdem finde ich hier keine Leute, zu denen ich einen Draht habe. Ist das wirklich so wichtig, oder ist es mir nur wichtig, weil ich den neurotischen Drang habe, mich mit bestimmten Leuten zu umgeben? In letzter Zeit spüre ich immer wieder eine Sehnsucht, Menschen nahe zu sein, die sich für die Wahrheit interessieren, über die du sprichst,*

**44**

Menschen, die ihre Kinder mit mehr Freude, Liebe, Offenheit, Freiheit und Aufrichtigkeit erziehen. Ich möchte jetzt wirklich, dass mein Sohn mit glücklicheren Menschen zusammen ist. Ich möchte Leute um mich haben, die mich auf meinem Weg zur Wahrheit unterstützen.

Könntest du mir bitte etwas sagen, das mir Klarheit darüber gibt, womit ich verhindere, dass ich bewusst und erleuchtet und glücklich werde.

In Liebe und Dankbarkeit für deine Worte auf den Kassetten, die ich angehört habe.

Liebe Justine,
du musst dich mit Martin zusammensetzen und dich mit ihm der Wahrheit des Lebens stellen. Solange du, die Frau, über irgendetwas tief unglücklich bist, wird euer gemeinsames Leben nicht funktionieren. Eure Liebe wird darunter leiden, und ihr werdet allmählich auseinander driften, auch wenn ihr weiter zusammenlebt. Du wirst versuchen, das Beste daraus zu machen, aber es wird nicht gehen.

Das »goldene Glühen«, das du in eurem Zusammensein über dreieinhalb Jahre erlebt hast, ist eine außergewöhnliche, reale Erscheinung. Es verdeutlicht Liebe und Bewusstsein – eine göttliche Präsenz in eurem Leben. Es gibt zwei Möglichkeiten, warum es verschwunden ist. Erstens kann es sein, dass Martin dich nicht mehr so liebt, wie er es vorher getan hat. Wenn das so ist, muss er dir ehrlich sagen, warum, und dann müsst ihr schauen, ob ihr die Ursache – ohne Emotionen – zusammen ausräumen und neu beginnen könnt. Zweitens bist du unglücklich, weil du mit dem Haus oder dem Ort, wo ihr hingezogen seid, nicht glücklich bist. Das Ganze fing ja damit an.

Es ist für niemanden logisch, in diesem Leben unglücklich zu sein. Denn es ist die Logik des Lebens – wie uns alle Lebewesen in der

**Solange du über irgendetwas tief unglücklich bist, wird euer Zusammenleben nicht funktionieren**

45

Natur zeigen – dass ich lebe, um mein Leben zu genießen. Aber unglückliche Menschen, die nicht mehr natürlich sind, wählen normalerweise den rationalen, unnatürlichen Weg, anstelle des natürlichen, logischen Weges. Sie ziehen an einen Ort oder in ein Haus, weil es eine »gute Idee« ist. Es ist aus dem und dem Grund »vernünftig«, wie, um in der Nähe der Arbeit zu sein, oder weil es billig ist. Sie fragen sich nicht zuerst, »gefällt mir dieser Ort, ist es für mich der richtige – was sagt mein Körper, nicht mein Verstand?«. Wenn es nicht der richtige Ort ist, wenn du nicht damit glücklich bist, dann werden die Leute nicht die richtigen sein, und die Dinge werden schieflaufen.

Vielleicht hast du auch emotionale Bedürfnisse, vielleicht stimmen andere Dinge in dir nicht, die Aufmerksamkeit verlangen. Aber zuerst das Wichtigste, das ist Logik. Du bist unglücklich mit deiner Wohnsituation – eine gute Idee hat sich als falsch erwiesen. Selbst wenn Martin denkt, es ist in Ordnung, ist es nicht in Ordnung. Solange du unglücklich bist, wird es die Qualität seines Lebens beeinträchtigen, und etwas davon wird auch auf euren Sohn abfärben.

Ihr müsst deshalb zusammen einen Umzug ins Auge fassen – es sei denn, es zeigt sich irgendein anderer Grund für deine Frustration. Ihr müsst einen Ort zum Leben finden, der für euch beide stimmig ist. Ihr müsst das zusammen tun, im Bewusstsein, dass es richtig ist. Jedes Zurückschauen oder zähneknirschendes Kooperieren von dir oder ihm wird die Frustration nur fortsetzen – und sie wird euch folgen. Ihr seid zusammen, weil ihr euch liebt – deshalb müsst ihr dies, oder was immer zu tun ist, einmütig tun. Wenn das nicht gelingt, werdet ihr irgendwann damit enden zu überlegen, ob ihr weiter zusammenleben könnt. Zusammen können meine Liebe und ich alles vollbringen, getrennt fallen wir auseinander. Sei dir bitte klar darüber, dass ich niemandem sage, was er tun soll. Du tust, was dir zusagt. Du bittest mich um Hilfe, und ich gebe sie so gut ich kann.

Sei dem Leben gegenüber – dem natürlichen Leben – treu und aufrichtig, und du wirst dir und jedem anderen gerecht.

# Von Denise

Gerade habe ich deine letzte Kassette vom »Tamborine Mountain« gehört und möchte dir für die ganze Serie von Herzen danken. Durch sie konnte ich die Verbindung zu dir halten. Darüber hinaus berühren sie oft Themen, die in dem Moment für mich wichtig sind. Dieses Mal hat mich tief berührt, was du über die Aufrichtigkeit sagst. Ehrlich mit meinen Gefühlen zu sein, ist für mich ein großes Thema. Mein Problem damit ist, zwischen verschiedenen Gefühlen zu unterscheiden. Der psychische Müll scheint mir so undefinierbar zu sein, dass er einfach als Depression hochkommt. Wie kann ich den Schmerz, ungeliebt zu sein, aus meinem System ausbrennen?

**Ich lebe, um mein Leben zu genießen**

Ich weiß, dass ich nicht genug in meinem Körper geerdet bin, und ich habe auch versucht, etwas dagegen zu tun. Ich habe mich offen dafür gemacht, vom Mann physisch geliebt zu werden, und bin auf Mark zugegangen. In dieser Beziehung habe ich gelernt, keine Angst vor meinem Körper zu haben, aber das ist alles.

Aber es war merkwürdig, was da passiert ist. Gerade als Mark voller Enthusiasmus über die Idee kosmischer Einheit war – der Liebe zum Ganzen –, konnte ich es nicht ertragen. Nicht, dass ich an die Wahrheit der Idee nicht glaube. Aber in der Welt von Marks Idee fand ich keine Liebe, besonders in dem Moment, als er mit seiner Frau schlafen konnte. Tief in mir hatte ich ihm gewünscht, lieben zu können, aber es hat mich persönlich verletzt. Er wollte unsere Beziehung aufrechterhalten, aber ich war sehr verwirrt, besonders als es keine Freiheit mehr gab, die Liebe physisch auszudrücken, aus Furcht, seine Frau zu verletzen (mit der er jetzt wieder kommunizieren konnte).

Ich habe die Beziehung auf Eis gelegt. Er glaubte, beide Beziehungen beibehalten zu könnten und dass es mich nur mein zweifelhaftes Ego anders sehen ließ. Dieser Vorwurf tut ungemein weh, denn wenn ich die Ehrlichkeit meiner Gefühle als Richtschnur nehme, ist es egoistischer, mich an etwas zu klammern, das sich nicht wie Liebe anfühlt.

*Wie kann ich damit umgehen, Barry? Ich bin in gewisser Weise sehr desillusioniert. Was bedeutet diese Offenheit und Verfügbarkeit der Liebe gegenüber eigentlich, wenn es in der Katastrophe, in Verletzung endet? Hatte die Beziehung irgendeinen Sinn? Hat sie mich irgendwie geerdet?*

*Im Moment bin ich völlig verwirrt und versuche abzuwägen zwischen dem Verlust der Möglichkeit, geerdet zu sein, und der Höhe meiner Frustrationstoleranz. Mir scheint, dass ich vorher viel vollständiger war. Wenigstens war ich mit der höheren Macht verbunden. Jetzt ist dieser Raum durch Leere ersetzt worden. Wie kann ich diesen Schmerz, nicht geliebt und verstanden zu werden, ausbrennen? Du hast früher einmal gesagt, dass ich wieder allein sein würde. Wie kann ich das ertragen?*

*In Liebe*

Liebe Denise,

du musst jeden Tag versuchen, nur zu tun, was dir gut tut. Das ist nicht dasselbe wie zu tun, was du willst. Du hast dein Leben damit verbracht, alles für andere zu tun – Mama und Papa, Freunde, Geschwister, für die Gesellschaft und den scheinheiligen Priester in deinem Gehirn, Gewissen genannt. Dieser teuflische Priester, der sich als das Gute ausgibt, ist einfach nur die Summe der Erwartungen anderer – die meist in Konflikt miteinander geraten und dann ein Gefühl von Versagen erzeugen, das zu Depressionen führt.

Nachdem du so lange so gelebt hast, wirst du diese gefährliche Gewohnheit, all diesen Forderungen gerecht zu werden, nicht ohne die Anstrengungen einer Superfrau loswerden können. Du bist mitten in dieser Arbeit, und sie wird so lange dauern, bis du frei bist oder tot. Darum geht es im Leben.

Also, du musst immer häufiger nur das tun, was dir gut tut. Du bist in diese Situation gekommen, mich um Hilfe bitten zu müssen, weil du nur die Erwartungen anderer erfüllst. Du steckst in den Folgen dieses Zustandes, während du dich allmählich davon befreist, indem du befolgst, was ich beschreibe und demonstriere als »dein Leben in Ordnung bringen«. Indem du nur tust, was dir jetzt gut tut, jeden Tag, und nicht den unerfreulichen Erwartungen anderer nachgibst, wirst du neu anfangen. Du wirst kein »schlechtes Karma« aufhäufen, das morgen abgearbeitet werden muss.

Dein Gefühl, ungeliebt und unverstanden zu sein, stammt auch daher. Du hast jeden »geliebt«, außer dein eigenes – wie es seine Bestimmung ist – frohes Leben. Deshalb fühlst du dich nicht geliebt.

Ich schrieb dir einmal in Bezug auf Mark: »Er wird dich früher oder später verlassen...« Er kam, und du hast es genossen (es hat dir gut getan). Jetzt (früher oder später) geht er, und du bist wieder auf dich gestellt. Aber bist du dieselbe? Nein. Du bist lebendiger geworden durch die Liebe, die du vollzogen hast, obwohl der Mann gegangen ist. Aber nun fühlt sich dein Verstand, dein Priester, desillusioniert. Vorher vollständiger? Unsinn. In Verbindung mit der höheren Macht? Sie war nicht sehr hoch oder real, wenn sie jetzt weg ist. Geh niemals zurück, Frau.

## Erfreue dich der Liebe

Dein Problem ist, dass du deine eigenen Erwartungen auf die Liebe projiziert hast. Du kanntest Mark. Du kanntest die Situation. Du solltest doch wissen, wenn du irgendeine Wahrheit in dem gesehen hast, was ich sage, dass du niemandem vertrauen oder glauben oder von niemandem etwas erwarten kannst. Das brauchst du auch nicht, wenn du für deine Handlungen verantwortlich bist, d. h. immer das tust, was dich erfreut.

Sei jetzt wieder für die Liebe offen, wenn es dir gut tut. Es tut dir sicher nicht gut, nicht geliebt zu werden. Aber halte die Fäden in der Hand. Gib die Erwartungen auf. Genieße die Liebe, solange sie da ist. Sei dir bewusst, dass sie (bzw. er) früher oder später weggehen wird (oder – kleines Bonbon – vielleicht auch nicht!). Lass Mark gehen, wenn es dir gut tut. Es war keine Zukunft darin zu sehen, das wusstest du. Und jetzt bist du desillusioniert. Du darfst dich von keinem Mann abhängig machen – schon gar nicht von deinen Erwartungen.

Komm, Denise, öffne dich wieder der Liebe des Mannes. Vermeide dieselben ›Fehler‹. Erfreue dich der Liebe. Aber wenn er dir nicht gut tut, verlasse ihn. Schau nicht zurück. Es sind die Gefühle der Desillusionierung, Leere, Verwirrung und des Nicht-verstanden-Werdens, denen du nicht trauen kannst. Vertraue dem, was dir als Gefühl gut tut. Folge nur dem – und handle danach.

Durch die Liebe mit Mark weißt du jetzt auch mehr über Aufrichtigkeit. Das ist doch gut, oder? Es sei denn, du versuchst dir zu beweisen, wie unehrlich er ist. Er war am Anfang unaufrichtig, aber jetzt ist er aufrichtiger, egal wie wenig. Das ist doch gut, oder? Du hast ihm geholfen. Deine Liebe hat ihm geholfen. Also, wem wird deine Liebe und Ehrlichkeit das nächste Mal helfen?

Geh weiter, Denise. Lass immer mehr innerlich los. Alles, woran du dich klammerst, wird dir Schmerzen verursachen.

P. S.: Tun, was dir gefällt, ist eine oberflächliche psychische Bewusstseinslage, wo du von einer Sache zur nächsten flatterst, wie wenn du Zeit totschlägst. Es beginnt mit: »Was soll ich als nächstes tun?« oder »Was kann ich denn jetzt machen – jetzt, wo das letzte, was ich gedacht oder getan habe, vorbei ist?«

Tun, was dir gut tut, ist jetzt, jeden Moment. Es ist nicht krampfhaft. Wenn du diesen Brief liest, solltest du es tun, weil es dir gut tut. Wenn es dir nicht gut tut, lies ihn nicht. Und wenn du den Brief gelesen hast, tue nur, was dir gut tut. Und danach wieder und immer wieder. Wenn du darüber nachdenkst, wie unglücklich du bist, tust du, was dir gefällt – was offensichtlich nicht erfreulich sein wird. Übe, was ich gesagt habe, und du wirst es bald verstehen.

# Von Theresa

*Auf deinem letzten Treffen hast du, wenn ich dich recht verstanden habe, darüber gesprochen, dass man sein Handeln nicht von Gefühlen abhängig machen soll. Aber mir war nach dem Treffen nicht klar, was die Grenze ist zwischen dem Gefühl, dass eine Handlung richtig ist,*

50

und dem Wissen, dass sie es ist. Ich sehe, dass ich immer mehr dahin komme, »zu tun, was ich tue«, aber die generelle Linie, nach der ich handle, ist immer noch sehr durch meine Gefühle bestimmt.

Um dir ein Beispiel aus meinem Leben zu geben: Vor einigen Monaten verließ ich meinen Partner (das zweite Mal in diesem Jahr), und das war durch meine Gefühle diktiert, obwohl ich keine Entscheidung forciert oder den Moment ausgesucht habe. Es fühlte sich völlig richtig an, den Bruch herbeizuführen, und es erschien mir sehr endgültig. Es war für kurze Zeit sehr schmerzvoll, aber bald entstanden in mir sehr viel neue Klarheit und Ruhe. Um eine lange, komplexe Geschichte abzukürzen: Es passierten andere Dinge, die mir klar machten, wie ich beträchtlich zu dem beigetragen hatte, was zwischen uns nicht funktioniert hat. Aber ich war so fixiert auf das, was er nicht richtig machte, dass ich es versäumt habe, mich selbst ehrlich anzuschauen. Die Erkenntnis, dass ich mir etwas vorgemacht hatte, war sehr schmerzhaft, und ich habe Reue gefühlt, weil ich nur partiell geliebt hatte. Daraufhin hat mir mein Gefühl nahegelegt, den Kontakt zu ihm zu suchen, mich zu entschuldigen und ihn zu fragen, ob wir es noch einmal versuchen könnten.

Inzwischen war er in eine andere Gegend gezogen und hatte die Tür zu unserer Beziehung verschlossen. Er hat sich jedoch angehört, was ich zu sagen hatte, hat Zeit mit mir verbracht und ist bereit, sich anzuschauen, ob wir eine Lösung finden können.

Der Punkt ist, ich bin durch eine unglaubliche Kette von starken Gefühlen gegangen, und daraus erwuchs eine ganze Kette von Handlungen und Reaktionen. Innerhalb von neun Monaten habe ich geschwankt zwischen der Sicherheit, nicht mit ihm zusammen sein zu wollen, der ziemlichen Sicherheit, es doch zu wollen, über die völlige Klarheit, es nicht zu wollen, und der völligen Klarheit, es doch zu wollen. Im Moment muss ich Geduld haben und sehen, was sich entwickelt, aber es bleibt das Grundgefühl, dass ich mit ihm zusammen sein will.

Während sich meine Gefühle änderten, war ich mir meiner Wechselhaftigkeit bewusst, aber ich fragte mich, ob sich ›das Richtige‹ auch von Tag zu Tag und von Moment zu Moment ändert. Ändert Gott seine

Meinung oder ist er beständiger? Oder vielleicht sieht er die Bewegungen als Teil des größeren Bildes.

Das Thema, sich nicht von den Gefühlen leiten zu lassen, scheint für mich zentral zu sein, und wenn du etwas darüber sagen könntest, wie man unterscheidet zwischen Gefühlen, auf die man seine Handlungen gründen sollte, und solchen, die emotionale Reaktionen sind, wäre das sehr hilfreich.

Generell habe ich nach all dem Chaos, das passiert ist, das Gefühl, dass vieles in mir, was alt und hinderlich war, weggebrannt worden ist und mehr Leere hinterlassen hat. In einigen dunklen Augenblicken wünschte ich mir, ich hätte mich nie auf ein ›spirituelles‹ Leben eingelassen, aber in dem Maße, wie sich wieder Gleichmut einstellt, sehe ich, dass ich von hier weitermachen muss, und das Gewicht meines Selbst ist geringer.

Danke für deine stetige Klarheit, die mir hilft, mich dem, was nötig ist, zu stellen.

# Sei nicht deinem Gefühl treu, sondern der Situation

Liebe Theresa,

sei nicht deinem Gefühl treu. Sei der Situation treu. Das ist die goldene Regel meiner Lehre. Deine Gefühle haben neun Monate hin und her geschwankt wie ein Pendel und rissen dich mit. Und du bist immer noch nicht sicher, was du tun sollst. Das kommt daher, weil deine Gefühle unzuverlässig sind. Sie basieren auf dem, was du magst und nicht magst. Was du magst und nicht magst, ändert sich in verschiedenen Situationen, bei verschiedenen Leuten und gemäß deinem Zustand zur jeweiligen Zeit. Gefühle sind persönliche Emotionen. Persönliche Emotionen sind das, was ich das Selbst nenne – und sind deshalb unvermeidlich selbstsüchtig und verursachen Schmerzen. Wenn du nach deinem Gefühl handelst, versuchst du unbewusst, aus der Situation etwas für dich herauszuschlagen. Und das ist keine Liebe. Das ist Liebe zum Selbst. Die Welt ist in diesem Chaos, weil die Menschen die meiste Zeit von ihren Gefühlen beherrscht werden.

Wie du entdeckt hast, waren deine wechselnden Gefühle unzuverlässig. Aber das Wissen hinter ihnen war richtig – du wusstest, dass in eurer Partnerschaft etwas falsch lief, sonst hättest du die Gefühle nicht gehabt. Erregte Gefühle sind ein oberflächliches Anzeichen, dass darunter etwas in der Situation falsch läuft, in diesem Fall in deiner Partnerschaft. Und das ist der Punkt, wo es gilt, der Situation treu zu sein.

**Persönliche Emotionen sind das, was ich das Selbst nenne**

Was ist die Situation einer Partnerschaft? Warum bilden Männer und Frauen Liebesverbindungen und leben zusammen? Die Antwort ist offensichtlich: Um das Zusammensein zu genießen. Das ist die Situation – sich gegenseitig zu genießen. Sobald einer anfängt, das Zusammensein nicht zu genießen, ist einer der beiden (oder beide) nicht der Situation treu. Die intelligente Frage, die dann jeder in Anwesenheit des anderen beantworten muss, ist: Was tue ich oder tue ich nicht, wodurch sich die Situation geändert hat und für einen von uns unglücklich oder unangenehm geworden ist?

Dies erfordert große Ehrlichkeit, Beständigkeit und eine Wahrheitsliebe, die stärker ist als der Drang, sein Selbst, seine persönlichen Gefühle, zu rechtfertigen oder zu verteidigen. Wenn mein Partner mir zeigt, wo ich lieblos oder selbstsüchtig gewesen bin, ist es sicher mein Wunsch zu versuchen, dies in mir zu eliminieren und dadurch der Situation treu zu sein.

Aber wenn sich der Mann oder die Frau verletzt fühlt und auf Grund dieser Gefühle handelt, wird er/sie anfangen, den anderen anzuklagen oder ihm Vorwürfe zu machen. Anklagen und Vorwürfe sind ein sicheres Zeichen, dass selbstsüchtige Gefühle am Werk sind. Dasselbe gilt für emotionale Ausbrüche. Streit und gewalttätige Sprache und Handlungen folgen schnell. All das, weil einer (oder beide) nach seinen Gefühlen handelt und nicht der Situation gemäß.

Wenn einer der Partner nicht aufrichtig genug ist, um seinen Anteil an der Verantwortung zu übernehmen, die Situation wieder in Ordnung zu bringen, aber den materiellen Komfort und die Bequemlichkeit der Beziehung genießen möchte, ist die Situation keine wirkliche Partnerschaft mehr. Sie wird weiter Schmerz verursachen oder wird zerbrechen. Oder sie wird durch den zerbrochen werden müssen, der der Situation der Liebe zwischen Mann und Frau treu ist, selbst wenn diese Handlung sein oder ihr Herz brechen mag.

## Von Jean

*Ich finde es sehr hart, nicht nach einem Mann zu suchen, aber nach der Lehre ist die Frau das passive, anziehende Prinzip. Ich lebe auf dem Land auf einem abgelegenen, aber schönen Grundstück. Ich warte.*

*Neulich fragte mich ein Mann in einem Café, ob er sich neben mich und eine andere Frau setzen dürfe. Er fragte mich nach meinem Namen, und wir haben über die Natur und hiesige Sehenswürdigkeiten geredet. Wir schauten uns an, und ich fühlte die Frage: »Kenne ich dich?« oder »Ist das er?«*

*Beim Weggehen lächelte er groß und offen, und ich lächelte zurück, bevor es mir bewusst wurde. Es war wunderbar. Ich fragte ihn, wo er wohne, weil er nur für einige Monate hier ist. Ich möchte ihn besuchen (so sehr mich das auch erschreckt), aber ich weiß nicht, ob ich das tun sollte. Ich kann nicht richtig Frau sein, wenn ich nicht weiß, was ich tun soll. Ich weiß nicht, ob ich mich an eine Idee klammere, wie man sich als Frau verhält. Gebe ich alles für die Liebe?*

*Es gibt viele Männer hier, aber nicht den aufrichtigen Mann, und dieser könnte einer sein. Und du sprichst über »die Fähigkeit, ihn zu erkennen, wenn er kommt (das seltenste Ereignis aller Zeiten)« und nicht zu wählen. Ich weiß nicht, ob ich ihn erkennen werde.*

*Barry, vertraue ich einfach dem Mir, und die Liebe (der Mann) kommt? Verstehe ich, was du sagst? Ich habe jetzt mein Leben so gut ich kann in Ordnung gebracht, aber hier ist, wie du siehst, eine Bewegung in mir. Ist dies eine Ablenkung, die mir mein Verstand als Falle aufgebaut hat? Ich brauche deine Klarheit.*

*Ich scheine nicht ein Magnet zu sein, wie du es beschreibst. In den vielen Jahren, in denen ich auf deine Seminare gegangen bin, hat ein einziger Mann mit mir geredet. Ich ziehe nicht einmal die Wölfe an. Was mache ich falsch? Oder ist die Frage falsch? Ich gebe auf, aber wenn du mir etwas Einsicht geben könntest, kann ich es ertragen.*

Liebe Jean,

es gibt im Leben keine Sicherheiten, sonst wäre es kein Leben. Tue das, wohin es dich zieht. Geh nicht nach deinen Gefühlen. Geh nach deinem Wissen.

Tue, was du willst, aber tue nicht das, wozu du Lust hast. Zu tun, wozu du Lust hast, hat eine Qualität von Erregung in sich, sowie Angst und Zweifel. Du hast Angst, dass du wieder verletzt wirst, wenn dein Gefühl trügt, aber gleichzeitig ist auch Vorfreude da, ein Aufsteigen freudiger Erwartung. Was du tun willst, ist Wissen, kein Gefühl. Es ist kühl und ruhig. Du weißt, du willst es tun. Das ist Losgelöstheit, Abwesenheit von Erregung. Wenn es nicht passiert, macht es nichts, es gibt keine Enttäuschung. Und wenn es passiert, ist es okay, was immer es ist. Du nimmst freiwillig deine Möglichkeiten wahr (wobei nichts in diesem Leben sicher ist), im Wissen, dass du nicht klagen oder anklagen wirst, dich nicht verraten oder verletzt fühlen wirst, wenn es sich nicht so herausstellt, wie es deine Gefühle gerne hätten. Du tust es, was es auch sei, weil es richtig ist, weil es das ist, was du tun willst, auch wenn es irgendwelchen Erwartungen nicht entspricht.

Du hast den Mann, den du erwähnst, nicht gewählt. Er beschloss, dich zu fragen, ob er neben dir sitzen könnte. Du hast ihn erkannt. Er hatte ein großes offenes Lächeln, und du hast zurückgelächelt (als ob du ihn wiedererkanntest). Du sagst, du möchtest ihn besuchen (trotz deiner Furcht). Aber du wüsstest nicht, ob du es tun sollst. Wie willst du das je wissen, wenn du nicht tust, was du tun willst? Er könnte es

**Es gibt keine Sicherheiten, im Leben sonst wäre es kein Leben**

55

sein – oder auch nicht. Warum findest du es nicht heraus?

Warum sagst du, du scheinst kein Magnet zu sein? Dieser Mann ist zu dir gekommen.

Suche nicht nach Garantien. Suche nicht nach Problemen. In dem Maße, wie du dich für die Liebe ganz hingibst, weißt du, was du beim Mann nicht willst. Und was hast du zu verlieren, das du nicht schon verloren hast?

Nur deine Angst. Es ist Leben zu handeln, und es ist Weisheit zu wissen, was man tut.

## Von Chrissie

*Bitte, kannst du mir helfen. Ich bin eine verheiratete Frau mit Kindern und liebe seit neun Monaten einen verheirateten Mann, der um Jahre älter ist.*

*Ich traf den, den ich liebe, auf einer Dinner-Party, wo wir nebeneinander saßen. Es war die außergewöhnlichste Erfahrung meines Lebens.*

**Suche nicht nach Garantien**

*Ich muss erklären, dass ich bis dahin ein normales Familienleben hatte – harte Arbeit und nicht besonders erfreulich, aber bequem. Auf keinen Fall suchte ich einen anderen Mann. Von dem Moment an aber, als ich diesem Mann die Hand geschüttelt habe, fühlte ich die unglaublichste Woge von Energie durch meinen ganzen Körper fließen. Den ganzen Abend habe ich mich wie eine Göttin gefühlt. Bitte glaube nicht, dass es sich um eine physische Anziehung handelt, weil weder ich noch dieser Mann physisch besonders attraktiv sind. Ich rede von einer Art energetischer Erfahrung.*

*Seit dieser Zeit habe ich diesen Mann nicht mehr gesehen. Da sich unser tägliches Leben in keiner Weise kreuzt, gibt es keine rechte Möglichkeit, Kontakt aufzunehmen, ohne hinterhältig und unehrlich zu sein, was ich nicht will, weil ich nicht etwas so schönes billig machen will. Mein Leben scheint irgendwie lebendig geworden zu sein. Ich sehe ihn in allem, und nach vielen Jahren der Unterordnung unter meine Familie (mein eigener Fehler) fühle ich mich jetzt, als ob ich zu neuem Leben erwache. Das Problem ist, dass mein Mann mich verdächtigt, jemanden anderes zu lieben, dass er es irgendwie spürt, obwohl ich ihm nie irgendeinen Grund dazu gegeben habe. Unser gemeinsames Leben ist nicht mehr angenehm. Wir waren uns immer sehr nahe, aber es wird zunehmend schwieriger, miteinander zu schlafen, und unser Leben scheint auseinander zu driften. Allmählich wird mir schmerzhaft bewusst, dass ich meinen Mann betrogen habe. In meinem Herzen fühle ich mich wie eine Ehebrecherin, aber ich bin dauernd zerrissen zwischen der Loyalität einem Mann gegenüber, der mich durch dick und dünn geliebt hat (und den ich sehr geliebt habe) und andererseits einem intensiven Verlangen nach Vereinigung mit dem Mann, der vor kurzem mein schlafendes Herz erweckt hat.*

*Kannst du bitte diese Verwirrung für mich auflösen und mir helfen, aufrichtig zu sein, denn ich möchte diesen Kompromiss nicht in mir haben, bin aber nicht stark genug in der Wahrheit, um die Antwort selbst zu sehen.*

Liebe Chrissie,

du hast den Mann einmal vor neun Monaten getroffen und ihn seither nicht mehr gesehen. Es besteht die große Gefahr, dass du ein emotionales Bild von ihm in dir trägst, das einfach nicht wahr ist. Damit will ich nicht die Realität der Liebesenergie leugnen, die du an jenem Abend gefühlt hast.

Für dich steht an herauszufinden, was jetzt wirklich ist. Du musst ihn irgendwie treffen und mit ihm reden, nicht, um die Sache weiterzutreiben, sondern einfach, um herauszufinden, ob du immer noch dasselbe fühlst. Das hat nichts damit zu tun, »hinterhältig und unehrlich« zu sein. Mit diesem Ausdruck rechtfertigst du nur vor dir selbst, dass du nicht gehandelt hast, um die Wahrheit aufzudecken. Darin liegt die Unehrlichkeit. Und es ist zu allererst dies, was dein Familienleben untergräbt. Du kannst ein unschuldiges Treffen arran-

gieren. Solltest du entdecken, dass du diesen Mann wirklich liebst –
und, was ebenso wichtig ist, dass er dich liebt – dann musst du etwas
tun, so oder so. Diese Aussicht hält dich wahrscheinlich auch davon
ab, zuerst das Offensichtliche zu tun. Ich möchte dich aber gerne etwas fragen, um zum Grunde dieser Sache vorzustoßen: Was ist vor
zehn Monaten passiert, welches Ereignis in deinem Leben hat damals bewirkt, dass du dich von deinem Mann abgewendet hast; wie
z. B. eine Krankheit; etwas, was er oder die Familie getan hat; oder
die plötzliche Erkenntnis, dass du ihm selbstverständlich geworden
bist oder nicht geliebt wirst?

Ich vermute, dass es irgendetwas dieser Art ist, was das Gefühl für
diesen Mann erzeugte und was du nicht sehen und dessen Wahrheit
du dich nicht stellen willst.

P. S.: Bitte sei dir klar darüber, dass ich dir nicht sage, was du tun
sollst. Ich sage nur, wie es ist.

Ihre Antwort folgte sechs Wochen später:

*Danke für deinen Brief. Du hast mich mit der Wahrheit in Kontakt
gebracht, aber die Lösung der einen Situation hat mir den Kern des Problems gezeigt, für das ich jetzt deine Hilfe brauche.*

*Ich sehe jetzt, dass ich zwar das Glück hatte, diese wunderbare Er-
fahrung zu machen, aber es war eine dieser kurzlebigen Blüten, und
mein Kopf hat daraus eine Phantasie gemacht, die den wahren Grund
meiner Frustration verdeckt. Das eigentliche Problem entsteht aus einem völligen Missverständnis dessen, was die Liebe in Wahrheit ist.*

*Ich habe sehr früh geheiratet. Damals war ich völlig auf meinen Mann
ausgerichtet. Weil ich sah, dass die äußeren Aktivitäten, die meine
Mutter pflegte, einer der Gründe für den Bruch in der Ehe meiner Eltern war, gab ich alle meine Interessen im Dienste dessen auf, was ich als
Dienst für die Liebe verstand. Ich nagelte mich sozusagen an das Kreuz
der Mutterschaft. Dabei blieb ich stehen. Was dieser Mann in mir erweckt hat, war eigentlich ein Gefühl des eigenen Selbstwertes. Nach so*

langer Zeit war da ganz plötzlich jemand, der – zu meiner völligen Überraschung – durch die wahre Person hinter dem Hausmütterchen hindurchsah. Ich spürte, wie ich förmlich aufblühte. Ich kann nicht glauben, dass das wirklich falsch gewesen ist – es war so wunderbar – ich fühlte mich so lebendig.

Für mich hat Liebe immer bedeutet, das Selbst aufzugeben; aber so, wie ich das interpretiert habe, hat es nicht funktioniert, denn im Grunde habe ich mich nur tot gestellt. Ich wurde zum Fußabstreifer. Es ist schrecklich, das zuzugeben, aber ich vermeide jetzt sogar Freundschaften, weil jeder nur noch von mir nimmt und ich einfach nicht genug Liebe in mir habe, um diesem Druck standzuhalten. Die Leute erschöpfen mich regelrecht. Kannst du mir also sagen:

Was ist die Liebe? Was ist das Selbst? Wie gibst du dich der Liebe hin, ohne zum Fußabstreifer zu werden?

Wenn das Selbst sterben muss, wie kommt es dann, dass ich mich lebendiger und liebevoller gefühlt habe, als ich diesem Selbst etwas Ausdruck gab?

Was ist eine gute Mutter? Es ist traurig, aber ich sehe meine Kinder mehr und mehr als eine Last – ich dachte, ich hätte ihnen alles gegeben, sehe aber jetzt, dass ich ihnen vor allem beigebracht habe, unglücklich zu sein.

# Liebe bedeutet Aufrichtigkeit

Liebe Chrissie,

um Gottes Willen, tue, was dir gut tut, was dich erfreut. Es ist dein Leben, das du leben musst, nicht das irgendeines anderen. Alle haben sie ihr Leben. Mir scheint, jeder versucht für jemand anderen zu leben, durch jemand anderen zu leben oder zuzulassen, dass jemand durch einen selbst lebt. Und deshalb sind alle unglücklich.

Was willst du? Tu es. Klage nicht, mache niemandem Vorwürfe, klage niemanden an. Handele einfach. Liebe bedeutet Aufrichtigkeit. Lieben bedeutet loslassen, nicht festhalten. Das Selbst ist nicht ehrlich. Das Selbst lässt nicht los. Das Selbst erlaubt anderen, unser

**59**

Leben unglücklich zu machen, und glaubt gleichzeitig, Gutes zu tun. Das Selbst ist eine gute Mutter, die ihren Kindern alles gibt und sie und sich unglücklich macht.

Du hast deinem Selbst nicht Ausdruck verliehen. Du hast dein Selbst zu Hause gelassen und hast etwas von deiner Liebe, deinem Leben entdeckt.

## Lieben heißt loslassen

Fußabstreifer? Jetzt, da du entdeckt hast, was die Liebe bzw. das Leben ist und wie sie sich anfühlen, weißt du, was du nicht willst. Sieh zu, dass das alle anderen auch wissen. Du warst ein Fußabstreifer – sprich nicht davon, einer zu werden. Aber ist das wahr? Nur du kennst die Wahrheit. Also, was ist die Wahrheit, Chrissie?

## Von Holly

*Ich wachte diesen Morgen mit dem Bewusstsein auf, »nichts existiert«. Bin ich verrückt?*

*Wenn ich mit jemandem rede oder über ihn nachdenke, werde ich von dem Zustand, den Emotionen, den Krankheiten dieses anderen angefüllt, ich reflektiere das alles (dachte bisher immer, es sei mein Zustand). Dies hilft mir, dieser Person zu helfen, kann aber meinen Raum zerstören, wenn ich festhalte.*

*Deine »Todeskassette« sagt, man sollte nicht am Bewusstsein eines anderen festhalten. Es tut mir Leid, dass ich an deinem festhalte, aber ich würde gerne deinen Kommentar zu diesem komischen Brief hören.*

Liebe Holly,
lieben heißt loslassen. Loslassen heißt das Selbst loslassen – all das, woran das Selbst festhalten möchte. Was wirklich ist, bleibt dann übrig.

Was ändert sich, wenn du loslässt – nichts. Nichts ist Liebe. Aber eines ändert sich – das Selbst. Es stirbt etwas mehr – und macht dem

Nichts mehr Platz.

Du sagst: »Nichts existiert – bin ich verrückt?«

Ja. Aber offenbar wirst du gesünder.

Zwei Wochen später antwortete sie:

*Danke für deinen Brief. Ich stimme dir nicht zu, dass die Liebe nichts ist. Die Liebe ist alles – das ganze Leben, die ganze Wahrheit, alle Freude.*

*Mir wird jetzt, nach deinem Brief, klar, dass ich versucht habe, die Liebe loszulassen. Meine Liebe, die Liebe in mir, die ich fühle, wenn alles gut ist.*

*Die Frau ist Liebe, wie kann sie sie also loslassen? Der Mann ist Liebe mit Autorität. Ohne Wissen benutzt der Mann seine Autorität und lehrt die Frau das Falsche.*

*Ich merke auch, nicht ich bin es, die festhält – die Leute halten an mir fest, und ich werde im Nichts meines Selbst von ihren Problemen, ihren Forderungen, ihren Bedürfnissen gefangen. In dieser Situation geht das Wissen von mir (meiner Liebe) verloren.*

Liebe Holly,

sei still. Lies, was ich sage, statt sofort deine Schlüsse zu ziehen. Immer wenn du zu mir sagst: »Ich stimme dir nicht zu« (oder: »Ich stimme dir zu«); bedeutet das, dass du auf dem falschen Dampfer bist.

Ich habe nicht gesagt, lass die Liebe los. Ich sagte, lieben heißt loslassen. Schreibe mir nicht mehr, bevor du nicht die Wahrheit meiner Antworten empfangen und in dich aufnehmen kannst. Sie sind kostbar.

Innerhalb weniger Tage antwortete sie wieder:

*Ich habe nicht gesagt, dass du gesagt hast »lass die Liebe los«. Ich sagte, dass ich das getan habe. Ich hatte missverstanden, was »loslassen« heißt.*

61

*Kannst du mir bitte den Unterschied erklären zwischen loslassen und ein Fußabstreifer sein oder aufgeben oder einfach depressiv sein? Wenn ich loslasse, wie verhindere ich dann, dass andere mit mir tun, was ihnen gerade einfällt?*

*Könntest du bitte auch erklären, was du zu den Ausdrücken »ich stimme dir nicht zu« und »ich stimme dir zu« gesagt hast, dass ich auf dem falschen Dampfer sei, wenn ich sie benutzen würde. Heißt das, ich darf keine Meinungen haben? Ich weiß, dass das für dich blödsinnig klingen muss, aber ich bin sehr verwirrt.*

*Deine Antworten sind so kostbar, ich nehme sie nicht einfach hin, sondern begreife sie eher als großes Privileg.*

*Danke Barry Long. Aller Segen dieses Tages ruhe auf dir.*

# Man kann der Wahrheit nicht zustimmen oder ihr widersprechen

Liebe Holly,

wenn jemand, den du liebst, gehen will, nicht bleiben kann, weil er rastlos ist (und deshalb die Liebe zu dir vernachlässigt), lass ihn gehen. Willst du einen Geliebten, der gehen will? Wird das nicht euch beide unglücklich machen, wenn ihr zusammenbleibt – ganz gleich, welche Gründe ihr euch einbildet, um es vor euch zu rechtfertigen?

Aber wenn der rastlose oder (hinreichend) lieblose andere geht, nimm ihn nicht wieder auf. Sobald du einmal loslässt, muss der andere völlig neu beginnen und dich wieder gewinnen, wie in den Wochen oder Monaten vor eurer ersten glücklichen Zeit. Dann wirst du nie zum Fußabstreifer, oder? Du machst dich selbst zum Fußabstreifer, indem du Kompromisse mit deiner Sentimentalität und der Emotionalität anderer eingehst. Und was deine andere Frage angeht: Du wirst nur depressiv, wenn du der Liebe oder dir selbst gegenüber unehrlich bist.

Ja: Wenn du mit mir sprichst, darfst du keine Meinungen haben. Ich spreche die Wahrheit. Man kann der Wahrheit nicht zustimmen oder ihr widersprechen. Du kennst sie. Du siehst sie. Oder nicht. Alle Diskussionen basieren auf Meinungen. Gegenüber der Wahrheit gibt es keine Diskussionen.

Es ist gut, dass du beim Buchstabieren des Wortes »Privileg« nicht aufgegeben hast – und es beim dritten Mal richtig gemacht hast. Das zeigt, dass du vorher nicht sicher warst bzw. nicht das Privileg, mit mir sprechen zu können, erkannt hast. Jetzt weiß ich, dass es so ist. Das ist keine Meinung. Wie du weißt, ist es die Wahrheit.

## Von Nina

*Auf einer tiefen Ebene bin ich berührt und erkenne die Wahrheit – das ist fast physisch spürbar. Aber auf geistiger Ebene, der Ebene, auf der ich professionell schreibe, bin ich verwirrt von dem, was du sagst. Es scheint widersprüchlich:*

*die Frau ist Liebe;*
*die Frau ist verantwortlich für die Liebe;*
*die Frau kann den Mann nichts lehren;*
*die Frau muss vom Mann (der weiß, was er tut) gemeistert werden.*

*Wie kann ich meine Erkenntnis der Wahrheit weitergeben, wenn mein Verstand mit den Zähnen knirscht? Ich frage dich nicht, wie man einen Artikel schreibt. Ich möchte über Barry Long schreiben und was er zu Männern und Frauen zu sagen hat. Aber es ist meine Verantwortung als Autorin, so zu schreiben, dass für den Leser ein tieferes Verständnis entsteht, und deshalb, scheint mir, brauche ich mehr Klarheit für meinen Verstand. Ist das überhaupt möglich? Bitte gib mir deine Führung und deinen Rat.*

Liebe Nina,
danke für deinen Brief. Ich nehme an, du befindest dich weiterhin in einem guten inneren Raum und bleibst in Mir, ebenso wie bei mir, der ich Du in dir bin.

Ich verstehe deine Verwirrung über meine Aussagen, die sich zu widersprechen scheinen, und werde hier versuchen, die vier Punkte, die du erwähnst zu verbinden.

## Die Frau ist Liebe und die Frau ist verantwortlich für die Liebe

Die Frau ist Liebe. Das ist ihre Natur. Ihr Charakter ist ihre Verantwortung, nämlich, Hüterin der Liebe auf Erden zu sein. In deinem Brief schreibst du: »Es ist meine Verantwortung (als Autorin) so zu schreiben, dass für den Leser ein tieferes Verständnis entsteht«. Sicher wirst du das Wort Verantwortung bemerken. In diesem Moment hast du dich als Autorin definiert, so wie ich die Frau als Liebe definiert habe. Und du hast das Wort Verantwortung gebraucht, um den Charakter eines Autors zu definieren, welcher in deinen Worten darin besteht, dem Leser »ein tieferes Verständnis zu vermitteln«. In meiner Parallele von Frau und Liebe siehst du, dass es die Verantwortung der Frau als Liebe ist, die Realität der Liebe, die ihre Natur ist, zu vermitteln.

Der Schlüssel liegt natürlich darin, die Bedeutung hinter den Wörtern zu verstehen. Ich definiere Liebe (bzw. Autor) als die Natur und die Verantwortung in beiden Fällen als den Charakter. Ein Mann von Charakter (oder eine Frau) ist ein Mann (oder eine Frau), der (die) Verantwortung für das übernimmt, was er (sie) ist, und im Extremfall, nämlich der Liebe oder der Frau, mit der ich zu tun habe, dafür stirbt. Wenn du dir die unpräzise Art ansiehst, wie man in der Welt das Wort Charakter verwendet, wirst du dahinter immer noch dieses Element kompromissloser Tugend erkennen.

Also: Die Frau ist Liebe. Und um wirklich zu sein, muss sie für die Liebe verantwortlich sein – bis zum Tod. Und wer ist da, dem sie das vermitteln kann? Kein anderer als der Mann.

## Die Frau kann den Mann nichts lehren

Nun zum dritten Punkt, dass die Frau den Mann nichts lehren kann (über die Liebe). Sie kann ihm nicht sagen, was er zu tun oder zu lassen hat, wie ein Lehrer eine Instruktion gibt. Ein solcher Versuch setzt eine Projektion voraus, was ein männlicher Charakterzug ist und das macht sie im Endeffekt emotional (gewollt projektiv). Mit ihrem Charakter als Liebe, die ihre Natur ist, ist das nicht zu vereinbaren. Insofern handelt die Frau nicht ihrem Charakter gemäß bzw. verantwortungsvoll, wenn sie versucht, den Mann anzuweisen oder in dieser Form emotional in die Ecke zu treiben. Indem sie außerhalb ihres Charakters handelt, macht sie sich nicht nur selbst emotional, sondern wird auch beim Mann eine Verteidigungshaltung oder Widerstand erzeugen. Er wird sie als eine Spiegelung seiner selbst sehen – und es stößt ihn ab, so etwas in der Frau, seiner Liebe, zu sehen. Alle Männer schrecken vor der Emotionalität der Frau zurück, weil sie im Grunde eine männliche Projektion ist. Und der Mann sehnt sich ewig nach seinem Gegenbild.

## Der Sex ist durch den sexuellen Mann in die Frau hineingekommen

**Die Frau muss vom Mann (der weiß, was er tut) gemeistert werden**

Diese Aussage bezieht sich auf einen Meister der Liebe, wie ich zum Beispiel. Es ist sehr selten für eine Frau, mit einem lebenden Meister zusammenzukommen, der bereit ist, sie zu meistern, d. h. sie voll und ganz anzunehmen. Dieser Punkt betrifft also die wenigen Frauen auf der Erde, denen diese Chance gegeben ist.

Der Meister meistert sie in Liebe. Er tut dies, indem er die männliche Projektion von ihr nimmt, die sich durch ihren Versuch ausdrückt, ihn zu lehren, sei es durch Emotionen, Diskussionen, Forderungen u. Ä. Diese emotionale Projektion in der Frau ist letztendlich sexuell. Und Sex, als Projektion oder emotionale Gier, ist keine Liebe.

Der Sex ist durch den sexuellen Mann in die Frau hineingekommen, und jetzt ist sie die meiste Zeit im Unklaren darüber, was sie ist und was sie nicht ist. Die Antwort ist natürlich, dass sie Liebe ist. Und damit sie dessen gewahr wird und es in der Welt manifestiert, muss sie von der männlichen Sexualität geläutert werden, die sie als ihre eigene angenommen hat. Der Meister meistert sie, läutert sie durch seine Liebe und Wahrheit. Wie ein Chirurg entfernt er den weiblichen

## In jedem Mann steckt tief unter all seiner Sexualität das Wissens von Gott

Penis, die lodernden Emotionen, die sie unbewusst erworben hat. Er liebt sie, um sie zum Urzustand der Liebe zurückzubringen, edel und rein, wie Gott sie als Frau geschaffen hat – die wieder Jungfrau ist, unabhängig von allen vergangenen Männererfahrungen. Mit anderen Worten: Er strebt danach, sie zu ihrem Gott-Sein zurückzubringen, was einst als Status der Göttin bezeichnet worden wäre.

In jedem Mann steckt tief unter all seiner Sexualität (die sich als Furcht zu lieben manifestiert, als Gier, Egoismus, Haben- und Erreichen-Wollen) der reine Zustand des Wissens von Gott bzw. dem inneren *Adel* des Mannes. Aber solange er sich immer noch sexueller Erregung und Phantasien hingibt – was die meisten Männer heute tun – kann er diesen Zustand nicht ununterbrochen verwirklichen. Er füttert nur sein Selbst, was zur Trennung sowohl von der Liebe wie von seinem inneren *Adel* führt. Dann ist er weit, weit weg von zu Hause, dem zeitlosen Ort der Liebe bzw. Gottes, von dem er herkam.

Die Verantwortung, die ich meine, wenn ich von der Aufgabe der Frau spreche, ist, dem Mann, der genug Stärke und Realität hat, seine Selbstsucht abzustoßen, klar zu machen, was Liebe ist.

Wo immer es Liebe in der Frau gibt, wird er am Ende seine Sexualität darüberlegen und die Liebe manipulieren oder unterminieren. Er tut das, weil er sie kontrollieren möchte – ein schwaches Echo des göttlichen Impulses in ihm, sie in Liebe zu meistern. Aber Meisterung bedeutet nicht, irgendetwas zu kontrollieren. Der Meister kontrolliert nicht. Er meistert durch Liebe, und seine Partnerin ist immer frei und unterwirft sich seiner Liebe nur, weil sie weiß, dass es die Liebe und Wahrheit ist, die sie immer herbeigesehnt hat. Der Mann jedoch versucht die Frau zu kontrollieren, durch Zweifel, die er in ihr sät, durch brutale Kraft, durch ökonomische Abhängigkeit und vor allem, indem er sie süchtig macht nach sexueller Erregung. Er ersetzt tiefe Leidenschaft und Präsenz durch sexuelle Erregung.

Worin liegt demnach der Ausweg? Wie kann der Mann bzw. die Frau den Teufelskreis durchbrechen?

Die einzige Hoffnung zu diesem Erdzeitpunkt ist für beide die Frau, die reine Frau. Jetzt also zum fünften Punkt: Die Frau muss Herrin der Liebe sein.

## Die Frau muss Herrin der Liebe sein

Um Herrin der Liebe zu sein, muss die Frau davon gereinigt sein, den Ausdruck ihrer Emotionalität als Kommunikation zu sehen. Sie muss von ihrem Selbst befreit werden, ihrer Liebe zu ihrer Sentimentalität und ihren negativen Emotionen. Sie muss von ihrem romantischen Traum von Liebe befreit werden, den sie sich erschaffen hat, um den männlichen Mangel an Liebe zu kompensieren. Sie muss dauerhaft mit Gott, der Realität von Liebe und Wahrheit auf dieser Erde, wiederverbunden werden.

Im Endeffekt kann dies nur erreicht werden, wenn sie sich freiwillig vom Meister in Liebe meistern lässt. Sie ist dann Herrin der Liebe, und dann kann sie kein Mann jemals mehr manipulieren oder unterminieren. Dennoch, es gibt keine Ideale im Leben, und es muss ein Ideal bleiben, mit einem Meister zusammen zu sein, es sei denn, es ist für die Frau, die diese Worte hört oder liest, eine Tatsache. Was ist also die Alternative?

Zunächst einmal: Um damit anzufangen, Herrin der Liebe zu sein, muss die Frau die Liebe Gottes, des Unbekannten, in sich tragen. Ohne dies wird sie unweigerlich ihre persönlichen Gefühle mit Liebe verwechseln. Gott bzw. die Liebe ist kein persönliches Gefühl. Persönliche Gefühle, Sympathie und Antipathie, wechseln. Die Liebe zu Gott oder dem Unbekannten ändert sich nicht. Sie ist, mehr oder weniger, immer da.

Zweitens: Die Frau muss wissen, dass die Liebe nicht für ihr persönliches Vergnügen oder ihre Sicherheit da ist. Sie muss erkennen, dass die Liebe des Mannes einen Zweck hat. Dieser Zweck ist zunächst einmal, mehr Liebe in ihr Selbst zu bringen. Dies wird sich an einem allmählichen Abnehmen ihrer Emotionalität, ihrer Selbstzweifel und negativen Gefühle zeigen und einer langsamen Verbesserung ihrer äußeren Umstände. Der zweite Zweck der Liebe ist es, mehr Liebe in die Welt zu bringen. Das heißt, dass sie durch ihre Aufrichtigkeit und ihre Verantwortung für die Liebe dem Mann hilft, die negativen Emotionen abzulegen, die seine natürliche Liebe und Schönheit verdunkeln. Denn Mann und Frau sind beide ihrem Wesen nach der Ausdruck göttlicher Liebe und göttlichen Zwecks. Sie stellen eine Einheit dar, die jetzt durch falsche Vorstellungen und Annahmen davon, was Liebe und Wahrheit ist, überwältigt und auseinandergerissen ist. Der einzige Zweck der Liebe zwischen ihnen ist, zu dem zurückzukehren, was er als Mann bzw. sie als Frau ist.

## Reine Erfahrung ist, wie mit bloßen Füßen auf Glasscherben zu treten

Was kann aber die Frau tun, da sie ja vermeiden soll, den Mann zu belehren? Wie der Meister muss sie wissen, was sie in Liebe tut. Wenn sie nicht weiß, was sie tut, ist sie offensichtlich nicht Herrin der Situation. Sie muss von ihrer reinen Erfahrung ausgehen und wissen, was sie in der Liebe nicht will.

Reine Erfahrung ist wie die Erfahrung, mit bloßen Füßen auf Glasscherben zu treten. Es ist dabei nicht die Frage, ob das Glas eine hübsche Farbe hatte oder ob es dein Lieblingserbstück war – solche Erwägungen sind persönliche Anhänglichkeiten, persönliche Emotionen. Die Realität oder die reine Erfahrung ist, dass es schneidet und weh tut, wenn ich auf Scherben trete, egal, wie schön das Glas ist.

Um in ihrem Liebesleben wahrhaftig zu sein, muss sie von ihrer reinen Erfahrung ausgehen und nicht nur davon, ob sie den Mann ›liebt‹ oder ›mag‹.

Weil die meisten Männer in der Liebe selbstsüchtig und deshalb verletzend sind, muss sie sich ihre Erfahrung diesbezüglich anschauen. Möchte sie wieder von seiner Unehrlichkeit verletzt werden, von seinen Versuchen, sie zu schwächen, von seiner als Liebe maskierten Sexualität? Sie muss wissen, was sie nicht will, und darf keine Hoffnungen, Wünsche oder persönlichen Gefühle mit der Anziehung verbinden. Erinnere dich, dass die Anziehung selbst rein ist, solange keine persönlichen Gefühle damit verbunden werden. Und um das klar zu unterscheiden, muss man bereit sein, für diese Gefühle für die Wahrheit der Liebe zu sterben. Für die Liebe zu sterben heißt für sie, keine Angst zu haben, den Mann zu verlieren, weil sie ihn liebt oder mag. Selbst wenn es ihr das Herz bricht, muss sie ihm die Tür weisen, wenn er nicht sich zu weigern aufhört, bezüglich der Liebe ehrlich zu sein, zu wissen, was ihm am wichtigsten ist. Denn welchen Sinn hat eine unehrliche Liebe, eine Liebe, die sie nicht wirklich liebt, die nicht wirklich mit ihr zusammen sein will, die andere Dinge ihr vorzieht?

**Selbst wenn es ihr das Herz bricht, muss sie ihm die Tür weisen**

Sie muss dem Drang, emotional zu sein, unbedingt widerstehen. Wenn sie emotional ist, verliert sie ihre Klarheit, und er wird nicht ernst nehmen, was sie sagt. Er wird die Emotionen gegen sie lenken, und sie wird an ihrer Einsicht in die Liebe zweifeln. Dann wird sie noch emotionaler und am nächsten Tag in tiefe Depressionen, Selbstzweifel, Schuldgefühle oder kochende Wut verfallen. Um die Herrin zu bleiben, um der Liebe verantwortlich zu sein, darf sie ihm nicht die Schuld geben oder ihm Vorwürfe machen. Das wird ihn dazu bringen, sich zu verteidigen oder zurückzuschlagen. Sie muss ihm einfache Fragen stellen wie z. B.: »Warum bist du so unruhig?« und warten, bis er es ihr sagt, bis er ehrlich antwortet. Seine ehrliche Antwort wird sie vielleicht aufregen, aber sie darf ihren Gefühlen nicht nachgeben. Sie muss in der Lage sein, seine Ehrlichkeit zu ertragen, denn sie hat ja darum gebeten und darf ihren Gefühlen nicht erlauben, solcher Liebe im Wege zu stehen. Oder sie kann ihn fragen: »Warum bist du schlecht gelaunt?« Ein Mann ist nur schlecht gelaunt, wenn er etwas will, das er nicht hat, und da er behauptet, sie zu lieben, was ist es dann, was

ihm fehlt und was ihn emotional festhält? Er muss ihr aufrichtig antworten und darf nicht um den heißen Brei herumreden.

Ich hoffe, dies ist dir eine Hilfe, Nina. Bitte nimm es als Antwort auf
deine Bitte nach Klarheit.

Deine Liebe und Dankbarkeit habe ich empfangen.


## Von Angela

*Auf einem Seminar vor ein paar Monaten traf ich einen Mann. Er war
viel jünger als ich. Zu Anfang fanden wir es schön, zusammen zu sein,
und wollten zusammenleben. Er bat mich: »Lass alles hinter dir« und:
»Wirf dich ins Leben hinein«. Das hieß, meine Wohnung, meine Arbeit
und meine Katze aufzugeben und einen Ort zu finden, wo wir leben
konnten. Er wollte auch über das Geld bestimmen und erwartete sogar,
dass ich mir ein anderes Auto anschaffe (damit alles neu war, schien er
damit anzudeuten). Ich konnte das alles nicht, obwohl ich anfangs dachte, es würde gehen.*

*Wir trennten uns und kamen mehrere Male wieder zusammen. Im
Moment sind wir getrennt. Ich glaube nicht, dass er zurückkommt. Er hat gesagt, er könne mich wegen unserer
unterschiedlichen Körpergröße nicht ›vollständig‹ lieben.*

**Sie muss
darauf
bestehen,
dass der
Mann um
sie wirbt**

*In vieler Hinsicht ist er ein wunderbarer junger Mann,
sehr ernsthaft und ohne Furcht, sich mit sich selbst auseinander zu setzen, und er spricht von Liebe und Wahrheit. Barry, ich glaube, ich kann nicht lange mit einem
Mann zusammen sein. Ich werde unruhig und lieblos. Mir
scheint, ich habe ihm gegenüber versagt. Ich habe nicht
mehr das Vertrauen in mich zu wissen, was ich will.*

*Ich wollte dich das alles schon auf dem Seminar fragen,
aber ich habe es nicht gewagt. Ich hatte Angst, er würde mich verlassen.
Na ja, er hat mich auch verlassen, bzw. ich habe ihn verlassen, als ich
mich weigerte, mit ihm eine Wohnung zu mieten.*

*Er hatte sich nach unserer letzten Trennung schon einer anderen Frau zugewandt, und ich hatte das Gefühl, er würde mich wohl verlassen, da unser Liebesleben und die Liebe überhaupt abebbten. Mir scheint, ich habe in der Liebe zum Mann versagt, aus Furcht. Wie kann ich wissen, ob mich ein Mann liebt? Wie kann ich meiner Rastlosigkeit Herr werden?*

Liebe Angela,

jeder Mann, der wie er vorschlägt, alles zu verlassen und ihm die Kontrolle über dein Geld zu übergeben usw., bevor er viele Monate bewiesen hat, dass er dich liebt und dich wirklich und wahrhaftig angenommen hat, ist unreif und unfähig, eine Beziehung zu leben.

Er hat gesagt (nachdem er deinen Körper geliebt und genossen hatte), dass er dich nicht »vollständig« lieben könnte. Ich wette, dass er vor dem ersten Mal angedeutet hat, er würde dich »vollständig« lieben.

Wunderbar und ernsthaft mag er wohl sein. Aber du hast den ›Fehler‹ gemacht, ihm zu glauben, wo noch nicht einmal er sich selbst lange glaubt.

Du hast ihm gegenüber nicht versagt. In deinem natürlichen Verlangen, geliebt zu werden, hast du dich von seinen anfänglichen Versprechungen abhängig gemacht – hast an ihn geglaubt.

Wo liegt die Lösung? Was kann die Frau tun, wenn alle so verzweifelt nach Liebe suchen?

Sie darf sich nicht verlieben, muss darauf bestehen, dass der Mann um sie wirbt, bis er gezeigt hat, dass er wirklich gern mit ihr zusammen ist, und das, bevor er ins Bett hüpft. Sie wird ihn verlieren? Ja, wahrscheinlich, so wie die Dinge liegen und wie der Mann heute ist. Aber wenn sie durch hinreichend viel Leid stark genug geworden ist, ihm nicht zu glauben, aber ihn zu genießen, solange er da ist, dann kann sie physisch lieben. Aber sie muss bewusst den Drang vermeiden zu glauben, es wird andauern. Unmöglich? Es muss früher oder später getan werden, so oder so. Sonst wird die Frau weiter leiden – was für mich, der sie wahrhaft liebt, schrecklich ist.

# Von Nicole

*Wieder einmal konnte ich nicht bei Richard bleiben und bin jetzt wieder zu Hause, weil ich zu unaufrichtig bin. Aber es ist etwas passiert, das bei mir Selbstzweifel und Verwirrung ausgelöst hat, und ich schreibe dir, um dich um deine Einschätzung zu bitten.*

*Ich habe Richard gesagt, er hätte ein gutes Händchen (er reparierte etwas im Haus). Daraufhin wandte er sich mir zu, legte seine Hand auf meine Brust und witzelte: »Ja, ich habe ein gutes Händchen!«. Mir war plötzlich schlecht. Es war für mich wie ein Akt der Gewalt, aber gleichzeitig lag keine sexuelle Energie in der Berührung. Kurz gesagt, Richard fühlte sich verraten, weil ich ihm unterstellte, mir Gewalt anzutun. Er sagte, er sei nur albern gewesen. Ich gebe zu, dass in meiner Reaktion eine Verbindung zur Vergangenheit war. Trotzdem: Was ist falsch, dass ich mich unwohl gefühlt habe?*

*Ich frage nicht aus Ärger, sondern aus Unklarheit. Nach meinem Versuch, in diesem Fall ehrlich zu sein, bin ich verwirrt und im Zweifel darüber, was zu tun ist. Ich bin im Zweifel, was ich tue, und ich fühle mich vom Mann nicht erhört – obwohl ich von Richard große Liebe erfahren habe.*

*Ich möchte es so gerne richtig machen, Barry. Ich habe es satt, dass ich, wie mir scheint, immer alles falsch gemacht habe. Aber wenn ich falsch liege, möchte ich auch dessen sicher sein, damit ich es nicht wieder tue.*

Eine Woche später schrieb sie wieder:

*Ich sterbe auf diese Weise für die Liebe.*

*Ich habe darum gebeten, unpersönlich gehört zu werden, damit meine Emotionen, selbst wenn sie hochkommen, sich projizieren und im Wege stehen, im anderen keine Reaktion erzeugen. Denn ich weiß tief in mir, dass ich, solange ich nicht in dieser Weise erhört werde, meine Emotionen, die daher rühren, dass ich mich vom Mann nicht erhört fühle, – so sehr ich es auch möchte – nicht in den Griff bekomme.*

*Was ich verlange, ist sehr schwer und erfordert große Liebe. Und ich weiß auch, wenn der, den ich anspreche, meine Bitte nicht erfüllen will (weil es für ihn nicht stimmt), dass ich mich dann von ihm verabschieden und ihn vergessen muss, auch wenn seine Widerspiegelung meiner Liebe tief ist. Nur so kann ich der Liebe in mir und in dieser Existenz treu sein.*

*Wenn ein Mann das für mich tun kann, kann ich ihm alles von mir geben, bis in mein Innerstes. In letzter Zeit war ich durch seine Liebe in der Lage, ihm mehr als je zuvor zu geben. Aber es bleibt ein letzter Widerstand, der mit diesem tiefen Schmerz zusammenhängt, vom Mann nicht erhört zu werden, und dadurch werde ich ihm gegenüber unehrlich und – bis jetzt – auch mir gegenüber, indem ich mich dem Ganzen nicht stelle.*

*Ich weiß, solange ich das nicht löse, wird alles andere, das im Moment in Ordnung scheint, bald wieder zerfallen.*

Liebe Nicole,

was du in deinem zweiten Brief über dich und den Mann sagst, ist die Wahrheit. Wenn er dich liebt, muss er dich annehmen – mit Emotionen und allem anderen. Wenn er dich nicht liebt – und er scheint es nach dem, was du sagst, nicht hinreichend zu tun – verlass ihn. Und schau niemals zurück.

## Der Mann weiß nichts von der Liebe

Der Mann, von dem du sprichst, weiß, wie jeder Mann, nichts von der Liebe. Er glaubt das nur. Nur die Frau weiß, was Liebe ist. Sie ist Liebe. Deshalb muss sie in der Liebe die Führung übernehmen. Sie muss ihm sagen, was nicht Liebe ist, und nicht glauben, dass er es ihr sagen kann – was er unweigerlich immer tun wird. Nur, um Herrin der Liebe zu sein, muss sie für die Liebe alles geben. Konfrontiert mit seiner Arroganz bzw. seinem hartnäckigen Insistieren, er wisse, was Liebe ist, muss sie ihn verlassen, was ihn hoffentlich zur Besinnung bringt oder auf die Knie zwingt, wenn er erkennt, was Liebe bedeutet oder

73

ist. Der Mann kann dir viele Dinge erklären und beibringen. Aber nichts über die Liebe. Das ist deine Domäne, Frau.

Also, geh ans Werk. Lass deine Emotionen los und stirb für die Liebe.

Nun zu deinem ersten Brief, wo du seine Hand auf deiner Brust und dein Gefühl von Gewalt beschreibst und die gleichzeitige Abwesenheit sexueller Energie in der Berührung. Noch einmal: Es geht nicht

## Lass deine Emotionen los und stirb für die Liebe

darum, was er fühlt oder glaubt, sondern was du, die Frau, deren Brust berührt wurde, weißt. Er war nicht ehrlich. Er war nur albern, wie er sagt. Aber die Wahrheit ist, dass es bezüglich der Wahrheit und soweit es die Liebe betrifft – wenn eine Frau unterbewusst weiß, dass sie nicht vollständig geliebt und angeschaut wird – keine Witze gibt, und schon gar keine über die Liebe.

Du hattest das Wissen bzw. die Angst, dass etwas in der Situation seit einiger Zeit nicht stimmte (worüber du in deinem letzten Brief schreibst), und es war dieses Gefühl, nicht genug geliebt oder gesehen zu werden, das einen Akt der Gewalt verspürte. Dies trotz der Tatsache, dass der Mann Liebe zur Wahrheit und Ehrlichkeit zeigt.

Aber hier geht es um die Liebe. Ehrlichkeit allein erzeugt keine Liebe. Auch die Wahrheit nicht. Liebe ist Liebe. Sich der Liebe in Form der Frau zu stellen und sich der Gewalt zu stellen, die sie emotional gemacht hat und es weiter tut, lässt die Liebe in Form des Mannes entstehen.

Ob du Frau genug bist, weiß ich nicht, denn ich nehme dich nicht als meine Frau an. Aber es klingt für mich, als ob du Frau genug bist, und deshalb wirst du irgendwo irgendjemanden finden, der Mann genug ist. Denn was ich jetzt sagen werde, ist das Geheimnis deiner Liebe, Frau. Der einzige Grund, warum du danach strebst, einen Mann zu finden, der dich genügend liebt, wie du es richtig in deinem letzten Brief beschreibst, ist der, aus ihm einen Mann zu machen. Es scheint nur so, als ob du für dich nach Liebe suchst. Der Witz ist, dass der Mann, der dich trotz aller Unvollkommenheiten nicht lieben kann,

**74**

die Gelegenheit verpasst, Liebe zu sein. Jedenfalls bis eine neue Gelegenheit in Form einer Frau zu ihm kommt. Liebe zu sein oder nicht zu sein, ist dann tatsächlich für ihn die Frage.

Und so durchstreift die Göttin unter der Haut, die sie anzog, als sie das Paradies verließ, die Welt auf der Suche nach Adam, der durch ihre Maskerade hindurchschauen und sie lieben kann.

Nach deinem Brief scheint es, dass ihr beide viel für einander getan habt.

# Von Carola

*Mein Partner und ich waren auf deinem Wochenseminar in Sydney. Ich schreibe dir, um mir zu helfen, ich glaube in der Hoffnung, dass allein der Akt des Schreibens eine Energie freisetzt, die mir in der elenden Lage, in der ich bin, helfen wird.*

*Als ich in Sydney ankam, war unsere Beziehung in einer schrecklichen Verfassung. Nach neun absolut alptraumhaften Wochen hatten wir zwei Wochen vorher aufgehört, im selben Haus zu leben. Oberflächlich schien das Problem zu sein, dass ich keine Liebe mehr spürte und Angst hatte, sie wäre endgültig vorbei. Ich überlegte morgens, mittags und nachts, ob wir uns trennen sollten oder nicht. Es erwies sich schließlich als ein Segen, als er auszog und ich nicht mehr diese grässliche Angst (und den Schmerz darüber) fühlen musste.*

*Aber irgendwie haben wir uns nie richtig getrennt.*

*In Sydney war ich ein paar Mal entschlossen, mich zu trennen, machte aber jedes Mal schnell einen Rückzieher, soweit ich mich erinnere. Kurz nach unserer Rückkehr hatten wir da und dort einige wirklich glückliche Momente. Es gab auch viele Schwierigkeiten, aber ab und an habe ich mich toll gefühlt und sah, wie gut wir sowohl physisch als auch psychisch zueinander passen. Ich glaube, in diesen Zeiten spürte ich etwas ähnliches wie Liebe (ich bin sehr vorsichtig mit diesem Wort). Unsere Beziehung war wieder lebendig – wir waren ehrlich, klärten* die Dinge, wenn ein Konflikt auftrat, liebten uns. Meine Gefühle waren manchmal positiv, manchmal negativ, aber wir waren lebendig.

Jetzt stimmt etwas nicht, es geht bergab. Tom scheint mich nicht mehr so zu mögen. Ich glaube, meine dauernden Rückzüge haben bewirkt, dass nun er sich zurückzieht. In Sydney und eine kurze Zeit nach unserer Rückkehr war er wirklich liebevoll. Aber jetzt ist er anders, kälter, weniger interessiert. Und ich habe angefangen, mir den Kopf zu zermartern, ob wir uns trennen sollten oder nicht.

Vor einer Woche habe ich mich richtig schlimm zurückgezogen – ich hatte ihm ein Geschenk gemacht und auf eine Begleitkarte einige wirklich nette Sachen geschrieben. Ich war nicht sicher, ob ich wirklich meinte, was ich schrieb (»mein allerliebster Tom«). Das waren Worte, die in mir aufstiegen, aber ich hatte schreckliche Angst, er würde glauben, ich liebe ihn. Ich zog mich zurück, ähnlich wie in dem neunwöchigen Alptraum vor Sydney.

Am Sonntag kam ich zu der Einsicht, dass das einzige Hindernis für mich mein Selbst ist und dass unsere Beziehung in Ordnung käme, wenn ich mich meinem persönlichen Dämon in Form meiner negativen Gefühle usw. stellen und diese nicht mehr mit Tom als Person in Verbindung bringen würde. Einige Stunden gelang mir das ganz gut. Ich behielt alles Negative, meine Zweifel etc. bei mir und schickte Tom nur positive Energie. Aber nach einigen Stunden ließ meine Konzentration nach, und es kamen wieder Zweifel hoch. Am nächsten Tag war es viel schlimmer, und meine Zweifel wucherten immer mehr, bis ich mir heute wieder den Kopf über unsere Trennung zermarterte. Dieses Hin-und-her-Überlegen, ob wir uns trennen sollten oder nicht, ist das, was Tom und mir am meisten schadet. Sobald es mich einmal ergriffen hat, ist es aus mit uns. Glaubst du, das könnte das schwerste Geschütz meines Selbst sein?

Als wir zurückkamen war Tom ganz von deiner Lehre erfüllt, aber jetzt sehe ich, dass die Welt, die Arbeit, das Geld und Sachzwänge wieder von ihm Besitz ergriffen haben. Als wir uns vor einigen Tagen liebten (ich musste all meine Negativität bekämpfen, um dazu den ersten Schritt zu tun), wollte er während des Aktes nicht mit mir sprechen.

Ich lenkte seine Aufmerksamkeit darauf. Da wurde er wütend, fühlte nichts mehr in seinem Penis und hörte auf, mich zu lieben. Er sagte, er könne dabei nicht reden und habe oft nichts zu sagen.

Ich bin darüber verärgert. Ich glaube, es ist ein Teil seines Rückzugs von mir, weil ich sehr schwierig, dauernd auf dem Rückzug und im Kopf bin. Ich wünschte einfach, er würde mich genug lieben, dass ihm das nichts ausmacht, und mich akzeptieren und verstehen und lieben. Und immer noch denke ich über unsere Trennung nach.

Ich glaube immer noch, dass wir physisch und psychisch zu einander passen, aber ich brauche hier Hilfe. Ich wünschte, ich könnte aufhören, über unsere Trennung nachzudenken.

Lieber Barry, bitte hilf.

P. S.: Tom und ich sind seit acht Jahren zusammen.

# Wie soll dich ein Mann lieben, wenn du nicht liebens- wert bist

Liebe Carola,

du bist ernsthaft und tust dein Bestes, was unglücklicherweise dein Schlechtestes ist. Du musst verantwortlicher sein für die Liebe von Mann und Frau. Du musst zeigen, was die Frau ist. Du musst die Frau in Aktion sein. Du musst Verantwortung für diese Beziehung tragen.

Glaubst du wirklich, dass dich ein Mann lieben kann, wenn du so nachweislich nicht liebenswert bist? Was ist so Besonderes an dir, dass du dir den Kopf zermarterst und dich Selbstzweifeln hingibst und trotzdem die Stirn bzw. Arroganz hast, gleichzeitig zu erwarten, dass dich jemand liebt?

Du musst anfangen, dem Mann zu geben. Du musst liebenswert sein, selbst wenn es dich umbringt. Du hast es, wie du sagst, ein paar Stunden getan, und dann hast du aufgegeben und bist in deine selbstbezogenen, selbstmitleidigen, selbstsüchtigen Emotionen zurückverfallen. Wie kannst du es wagen?

Als er nach Sydney liebevoll zu dir war, wie weit hast du wirklich die Hand nach ihm ausgestreckt und seine Liebe gewürdigt? Wie oft hast du zu ihm gesagt: »Es ist schön, deine Liebe zu haben, wenn du sie mir gibst, und dass du mich als Frau anerkennst. Ich liebe dich dafür und werde alles mir Mögliche tun, zu verhindern, dass meine Negativität zwischen uns kommt.« Hast du das gesagt und all das, was in dieser Zeit in dir hätte sein müssen, um seine Liebe anzuerkennen, jede halbe Stunde? So hart musst du arbeiten, um die Flut deiner Emotionen zurückzuhalten. Nur die echte Würdigung der Liebe des Mannes in Worten und Taten im jeweiligen Moment und oft bewirkt das. Andernfalls wirst du in deinem Schweigen und deinem Mangel an Freigebigkeit wie im eigenen Saft schmoren.

## Du musst zuerst geben, um zu empfangen. Das ist das Gesetz der Liebe

Wie kannst du von ihm erwarten, seine liebenden Gefühle beim Liebesakt mit dir auszudrücken, wenn du seine Liebe nicht würdigen kannst, wenn er dich liebt, wie ich es oben beschrieben habe? Siehst du da die Verbindung? Du musst zuerst geben, um zu empfangen. Das ist das Gesetz der Liebe.

Ich glaube, ihr habt eine gute Chance, nach acht Jahren die Liebe und das Gefühl: »Es ist richtig so«, die euch zusammen gehalten haben, wiederzuentdecken. Aber du musst dich liebenswert machen, indem du dein selbstsüchtiges Kreisen um dich selbst aufgibst. Du musst ihn nicht »allerliebster Tom« nennen, wenn du nicht sicher bist, dass du es meinst. Sag doch einfach mit klarem Blick und ohne emotional zu werden oder zu projizieren zu ihm: »Ich liebe dich, Tom. Ich weiß, dass ich dich liebe, Tom. Ich mag es vielleicht nicht oder kann es manchmal nicht fühlen, aber ich weiß, es ist so. Ich hoffe, du kannst mich durch meine Emotionen hören und lieben. Ich nehme die Verantwortung für sie auf mich, Tom. Ich werde sie dir nicht aufbürden oder darüber nachdenken. Wenn ich das Gefühl habe zu versagen, kann ich dann einfach zu dir kommen und dich bitten, mich zu fragen, damit ich mich mit deiner Hilfe der Verantwortung für sie stellen kann?«

Der Mann kann nur mit einer Frau zusammen sein und sie lieben, weil sie ihn erfreut, weil sie ihm sich selbst gibt. Du gibst ihm nicht dich selbst, sondern dein Unglück. Wenn du so weiter machst, wird er dich verlassen. Oder es wird sich so eine Kluft zwischen euch auftun, dass es auf dasselbe hinausläuft. Du bist diejenige, die sich liebenswert machen muss, nicht, indem du versuchst, irgendetwas darzustellen, sondern einfach, indem du aufhörst zu sein, was du nicht bist.

Also, an die Arbeit, Frau, und lass uns dieser Tragödie der Liebe auf der Erde ein Ende machen.

## Von Shanti

*Es gibt in einigen Bereichen meines Lebens sehr viel Unklarheit. Das betrifft einerseits die Beziehung zu meinem Partner, andererseits das Verhältnis Meister-Schüler.*

*Ich habe das Gefühl, ich traue meinem Partner nicht mehr. Ich fühle mich von ihm verletzt. Ich fühle mich wirklich verloren und aufgewühlt, während ich dies schreibe, und mir kommen die Tränen. Mein Verstand sagt, ich schaffe mir lauter Probleme, wo keine sind. Barry, zu Anfang dieser Beziehung war ich stark, war ich selbst, war ehrlich und konnte alles einschätzen. Und jetzt habe ich vielleicht irgendwo faule Kompromisse geschlossen und kann nicht erkennen, was passiert ist oder wo ich bin. Ich brauche deine Hilfe.*

*Mir scheint, ich muss meine Beziehung zu dir klären. Wer bist du in Beziehung zu mir? Du bist in der Vergangenheit in sehr wichtigen Situationen in mein Leben getreten. Ich habe deine Kassetten angehört und über sie meditiert, und es geschahen erstaunliche Dinge. Ich habe sie auch angehört und mich gelangweilt, und sie sagten mir gar nichts. Barry, wenn ich Zweifel habe, zerstören sie mich. Trotzdem habe ich*

**Der Mann kann eine Frau nur lieben, weil sie ihm sich selbst gibt**

**79**

sie. Ich bin verzweifelt, weil ich nichts habe, nicht einmal einen Meister. Ich hatte das Gefühl, du wärst mein innerer Meister, der mir die Wirklichkeit außer mir widerspiegelt. Dann scheint es mir, dass ich süchtig danach bin, dich regelmäßig zu sehen, sonst verfalle ich in Trübsinn.

Eine andere Frage: Ich habe dich sagen hören, dass die Frau weiß, wenn sie vom Mann geliebt wird, und sie sollte sich immer geliebt fühlen, nicht nur eine halbe Stunde am Tag. Ich habe meine Mutter zu diesem Punkt gefragt, und sie sagte, es hätte nichts mit dem anderen zu tun – d. h. mit dem Mann. Ich glaube, sie meinte Selbstliebe, aber ich dachte, du meintest, dass mein Partner liebevoll, ehrlich und wahrhaftig zu mir sein sollte, und wenn ich als Frau wirklich geliebt würde, ich es bis ins Mark hinein wissen würde. Kannst du das für mich klären?

Barry, in allen spirituellen Lehren wird die Rolle des Gurus oder Meisters unterstrichen. Heute habe ich in einem Buch von Swami Saraswati Satyananda gelesen, wo verschiedene Meister-Schüler-Beziehungen beschrieben werden. Ich war einige Jahre eine von Rajneeshs Sannyasins,[*] aber wenn ich sehe, wie ich festsitze und zweifle, scheint es, dass nicht viel hängen geblieben ist. Alles kommt und geht. Ich möchte etwas Solides und Ehrliches in meinem Leben. Ich scheine rückwärts zu gehen, schlimmer dazustehen, nicht etwa besser oder klarer.

Vor einem Monat habe ich mit dir über Realität gesprochen und dass mein Partner Marihuana und Zigaretten raucht. Nachdem ich es dir erzählt und dich gehört hatte, fühlte ich mich gut und in Ordnung. Aber nichts geschah.

Also: Kannst du meine Zeilen und zwischen ihnen lesen und mir schreiben, ob Gott mich fehlerhaft geschaffen hat oder was ich falsch mache.

Ich habe auch entdeckt, dass ich Menschen nicht mag, dass ich jeden Mann nur als potenziellen Sexualpartner ansehe, immer nach jemand

[*] Sannyasin: traditionell ein Hindu-Asket, aber in diesem Kontext ein Schüler von Bhagwan Shree Rajneesh, später Osho, der als Teil seiner Lehre sexuelle Freiheit propagiert hat.

*besserem zum Lieben Ausschau halte. Ist das meine innere Unreife?*
*Ich sehe auch andere Frauen als Konkurrentinnen – und den Mann*
*als Preis. Deshalb habe ich keine Freundinnen, und ich will eigentlich*
*auch keine, es sei denn für etwas, was ich gerade brauche.*

*Ein anderes Problem ist hochgekommen, weswegen ich dich fragen*
*möchte. Vor fünf Monaten habe ich mit dem Rauchen aufgehört, teil-*
*weise weil ich auf dem Wochenseminar bei dir gewesen bin. Ich hatte*
*das Gefühl, ich könnte nicht wahrhaftig leben und gleichzeitig rau-*
*chen, und es war toll aufzuhören. Seitdem habe ich an Gewicht zuge-*
*nommen. Mir scheint, das verhindert, dass ich mich selbst fühle, genau*
*wie es mit dem Rauchen war. Werde ich nicht genug geliebt, dass ich*
*mehr als nötig esse, so dass ich nicht mehr attraktiv bin und ganz sicher*
*nicht geliebt werde?*

*Ein letztes: Mein Partner und ich haben gemäß den »Making Love«-*
*Kassetten gelebt und so viel Hass, Gewalt und Schmerz sind hochge-*
*kommen. Manchmal weiß ich nicht, ob es jetzt ist oder die Vergangen-*
*heit. Ich habe das Gefühl, mein Partner hintergeht mich manchmal. Er*
*ejakuliert nicht, wenn wir uns lieben, aber masturbiert, um seine Span-*
*nung loszuwerden. Ich finde das etwas frustrierend.*

*Ich möchte jetzt aufhören. Ich kann sehen, dass in mir im Moment*
*eine Menge nicht in Ordnung ist. Bitte hilf, wenn du kannst, und – bei*
*Gott – wenn du antwortest, sei ehrlich.*


Liebe Shanti,
du sagst: »Und – bei Gott – wenn du antwortest, sei ehrlich«. So wirst
du jetzt bekommen, worum du gebeten hast.

Wenn Shanti dein Sannyasin-Name ist, nimm den alten wieder an.
Übernimm die Verantwortung für dich. Lass deine ganze Sannyasin-
Vergangenheit los. Sie ist die Ursache vieler deiner Probleme.

Zum Beispiel: »Ich sehe jeden Mann als potenziellen Sexualpartner
an, halte immer nach jemand besserem Ausschau«. Oder: »Ich sehe
andere Frauen als Konkurrentinnen – und den Mann als Preis«. Das
ist das Erbe deiner Jahre als Sannyasin, als dir der Unterschied zwi-

schen Sex, Emotionen, Erregung und Liebe nicht klargemacht wurde. Jeder Mann, den du im Sannyasin-Club hattest, hat seine sexuelle Ignoranz und Rastlosigkeit in dich hineingegossen. Und jetzt vibrierst du vor sexueller Frustration und durch die Konkurrenz, die beide nicht von dir stammen, nicht von der Frau, sondern vom manipulativen Mann. Der Club hat dich wie zahllose andere Frauen im Dienst der sexuellen Erregung des Mannes manipuliert, und die lebt nun wie eine emotionale Schwangerschaft in deinem Bauch. Du wirst deutlich fühlen, wie sie in dir allmählich aufsteigt und vibriert – und brennend nach irgendeiner Art Befriedigung der alten sexuellen Erregung verlangt.

## Wo immer ungezügelter Sex praktiziert wird, findet man psychische Besessenheit

Die Frau ist das empfangende Prinzip, und sie wird zu dem, was der Mann in sie hineintut. Sie ist auch reine Liebe (bevor der Mann sich an sie heranmacht), und als Liebe lebt sie, um ihre Liebe zu erfreuen – den Mann. Stecke sie also in einen Club, wo die Regel ist, dass die Männer sie »vögeln«, um »ihre Blockaden aufzulösen« oder irgendeine andere weit hergeholte Wahrheit bezüglich Gott oder der Liebe – dann wird sie ihr Bestes tun, das zu erfüllen und gefällig zu sein, bis sie selbst von derselben teuflischen und räuberischen Energie infiziert bzw. geschwängert wird. Dann entstehen Selbstzweifel, unerklärliche Unzufriedenheit und der ganze Rattenschwanz.

Natürlich sind die Rajneesh-Leute nicht die einzigen Opfer dieser ziellosen, zügellosen Energie. Wo immer ungezügelter Sex praktiziert wird und ganz sicher dort, wo er spirituelles Experimentieren oder Therapie ist, wird man diese psychische Besessenheit finden.

Aber tragischerweise habe ich es überall auf der Welt besonders bei Anhängern von Rajneesh als Struktur gefunden. Tragisch, weil die Ernsthafteren durch die Präsenz des Meisters eine Sensibilität und Offenheit für die Wahrheit haben, doch die wird verdunkelt. Tragisch auch, weil als Konsequenz besonders die Frauen ihre Autorität und

Macht untergraben sehen, da sie der ständigen sexuellen und emotionalen Manipulation des Clubs ausgesetzt sind.

Von diesem Ort der Verzweiflung also schreibst du mir und suchst immer noch nach dem Guru, der dich in die Irre führt, vorzugsweise vielleicht ein Inder. Du musst alle Gurus in Form irgendwelcher Bilder wegwerfen – und wenn du eine Mala* hast, das ist das erste Symbol, das du loswerden musst.

Gut, was kannst du noch tun, um da rauszukommen?

Hör auf die Wahrheit, wenn du sie hörst. Glaube an keine Person oder Sache – vor allem nicht an Gurus oder östliche Meister. Und glaube auch nicht an Barry Long. Alles, was du durchgemacht hast, hat den Zweck, Erfahrungen mit Ignoranz, Unehrlichkeit und Täuschung zu machen. Das hast du getan. Du steckst bis zum Hals darin. Du kennst es aus erster Hand, aus deiner Erfahrung. Es war alles gottgegeben, so dass du jetzt wissen kannst, was du nicht willst. Jetzt also kannst du deine Autorität ausüben – im Wissen dessen, was du nicht willst.

Willst du einen Mann, der dich nicht liebt? Das hast du schon. Willst du einen Mann, der Marihuana oder Zigaretten raucht? Willst du einen Mann, der einen Teil meiner Lehre praktiziert (den angenehmen Teil, wie meine »Making Love«-Kassetten), aber nicht den schweren Teil, wie z. B. mit dir 24 Stunden am Tag ehrlich zu sein? Willst du einen Mann, der masturbiert – nachdem ihm gesagt wurde, dass das aufhört, sobald er das Phantasieren über Sex bzw. die Frauen unterlässt? Willst du einen Partner, dem du nicht vertraust? Du magst das Gefühl haben, du liebst ihn – und warum nicht? Aber das ist hier nicht der Punkt. Wo ist das größte Ja? Willst du weiter unglücklich sein, wie du es deutlich bist? Wenn die Antwort nein ist, verlass ihn. Nicht, weil ich es sage, sondern weil du endlich für dich, für die Liebe verantwortlich bist und die Wahrheit siehst. Schau nie mehr zurück und beklage dich nicht.

*Mala: eine Perlenkette, hier mit dem Bild von Rajneesh, die seine Schüler als Zeichen ihrer Verbindung um den Hals tragen.

Geh an einen Ort, weg vom Rajneeshismus und all der Vergangenheit, die um deinen Hals hängt, wie die Mala, die du einst getragen hast. Sei allein. Trockne aus. Werde zölibatär. Die Energie wird dich zerreißen. Sie wird dich hassen, sie wird mich hassen. Sie wird dich dazu bringen, dich umbringen zu wollen, dich als bodenlose Versagerin und völlig nutzlos zu fühlen. Aber du wirst nichts dergleichen sein. Sie wird nur versuchen, deinen Vorsatz zu brechen, indem du dir etwas von der alten Club-Befriedigung holst. Du bist diese Frau nicht mehr.

Du musst wissen, was du nicht willst. Wenn der andere dir gibt, was du nicht willst, und sich nicht ändern will, musst du ihn verlassen. Was er tun will, ist seine Sache. Welchen Effekt es auf dich hat, ist deine Sache. Mach keine Vorwürfe. Trenne dich einfach.

Du isst mehr, weil du nicht geliebt wirst. Du hast aus demselben Grund geraucht, und essen ist nur ein Ersatz dafür. Es ist besser, wenn beide alles ihnen Mögliche getan haben, sich zu trennen und allein zu sein, als zusammen zu sein und nicht geliebt zu werden. Nimm die Nicht-Liebe nicht in das Alleinsein mit. Sobald du den Bruch herbeigeführt hast, wirst du neu sein. Und schließlich, wenn du die Vergangenheit aus dir herauswringst (oder sie aus dir herausgewrungen wird), wirst du einen Mann mit genügend Liebe, um dich zu lieben, zu dir heranziehen. Es wird Zeit benötigen. Lass dich nicht von den Wölfen in die Irre führen, die dich verfolgen wollen.

Bei allem, was ich dir hier schreibe, sei dir klar, dass ich dir nicht sage, was du tun sollst. Ich beantworte nur deinen Brief und gebe dir, worum du mich gebeten hast. Die Wahrheit ist nur wahr, wenn sie in deiner Erfahrung wahr ist. Darin bin ich tatsächlich Guru – wenn du mich hörst. Ich bin kein Meister, der Schüler hat und den man auf ein Podest stellen oder in einem Bildnis oder einer Idee verehren soll. Ich bin die lebendige Wahrheit, die ewig spricht, und ich werde entweder gehört oder nicht, je nachdem, was jeder hören kann.

Ja, Frau, wenn du wirklich geliebt wirst, weißt du es bis ins Mark hinein, denn du bist Liebe. Gib dich nicht mit weniger zufrieden oder du wirst leiden.

Zwei Monate später schrieb Barry wieder an Shanti:

Shanti
Du hast um Hilfe gebeten, und ich habe dir geschrieben. Warum hast du nicht geantwortet?

Ihre Antwort folgte ein paar Tage später:

*Gestern Abend hatte ich das Gefühl, dass ich dir endlich schreiben und dich wissen lassen konnte, was nach deinem Brief geschehen ist. Und dann bekam ich heute deine Anfrage, warum ich nicht geantwortet hätte. Jetzt komme ich nicht mehr umhin zu schreiben.*

*Dein Brief ist – nach einiger Zeit – in mich eingesunken. Direkt danach ließ ich den alten Namen los. Du hattest Recht mit dem Loslassen der Vergangenheit. Dein Brief war genau der Anstoß, den ich brauchte. Du hattest mit allem Recht. Ich habe deinen Brief überall mit mir herumgetragen und hatte das Gefühl, alles würde klar werden – was ich tun müsste.*

**Du isst mehr, weil du nicht geliebt wirst**

*Ich bin allein auf dein Wochenseminar gegangen und wusste, als ich nach Hause kam, ich musste meinen Partner verlassen. Es war offensichtlich für mich, ich fühlte mich leichter ohne ihn.*

*Jetzt bin ich auf mich gestellt. Ich habe ein kleines Häuschen am Meer. Dass ich hier bin, ging so schnell. Mein Partner hat gespürt, dass die Veränderung bevorstand. Er hat keinen Widerstand geleistet, er hat mir geholfen. Er hat mich gehen lassen. Ich habe viel geweint, aber kann dennoch die Liebe und den Raum spüren. Ich kann sehen, dass wir der Situation treu waren, nicht unbedingt unserem Vergnügen. Ich hatte mir eine Menge geistiger Gefängnisse um meine Beziehung geschaffen, die uns beide belastet haben. Jetzt haben wir beide Raum.*

*Seit der Seminarwoche merke ich eine Stetigkeit und Stille in mir und, um ehrlich mit dir zu sein, ich fühle mich geliebt dadurch, dass du mich gebeten hast zu antworten. Es ist schwer, die Liebe einzulassen –*

aber eigentlich doch nicht. Ich tue mein Bestes. Ich habe, seit ich hier bin, viel weniger Emotionen in mir.

Du hast Recht mit der Vergangenheit, die aus mir herausgewrungen wird, und ich kann sehen, wie wichtig es ist. Was wirklich ist, wird bleiben.

Seitdem ich mein altes Haus verlassen habe, finde ich es in diesem neuen Haus wirklich schwer zu denken. Ich erkenne, dass das Denken um mich herum Strukturen erzeugt, und ich weiß nicht, ob ich das noch will. Ich kann sehen, dass mein Verstand Angst hat zu denken. Ich kann heute auch keine Vergangenheit sehen. Alles, was du in deinem Brief als Antwort geschrieben hast, habe ich als wahr erfahren, und als ich es sah, bin ich deinem Rat vollständig gefolgt, obwohl die Veränderungen mich in unbekannte, wenn auch erkennbare, Räume gebracht haben. Vielleicht werde ich verrückt, aber vielleicht auch nicht. Ich kann ein Vertrauen in mich, in mein Leben spüren.

Wenn ich auf deinen Seminaren bin, mache ich die Erfahrung, dass du meine Dankbarkeit empfängst, weil ich sie so intensiv fühle, wie eine Gnade, die auf mich herabsinkt. Ich fühle überall ein feines Vibrieren. Vielleicht ist es die »Glorie«, die du in »Stillness is the Way« erwähnst.

Du hast mich nie enttäuscht, wenn ich dich um Hilfe gebeten habe, und du bist aufrichtig. Das erkenne ich an.

Danke für das Privileg, dass ich dir zurückschreiben durfte. Vergib mir, wenn ich sentimental bin.

Lynne (ehemals Shanti)


Liebe Lynne,
gut gemacht! Und ebenso gut gemacht von deinem Partner.
Mann und Frau müssen lernen, Gott zu dienen. Gott ist die Liebe, und Liebe heißt loslassen – wenn sich zwischen uns Gefängnisse zu bilden beginnen.

Nun diene Gott weiter, indem du aufrichtig und dem Leben treu bist, wie du es gesagt hast – denn Gott ist auch das Leben.

# Von Judith

*Ich führe ein spirituelles Leben, so weit ich das kann, und das Leben ist wirklich gut zu mir, und ich bin auf viele Weise gesegnet. Das Problem ist, dass ich von mehreren Drogen abhängig bin: Nikotin, Alkohol und an Wochenenden intravenöses Speed.*

*Was mich unglücklich macht, sind Schuldgefühle. Ich beobachte meine Sucht und bin mir ihrer bewusst. Ich weiß auch, dass sie aufhören muss. Aber mir scheint das größte Hindernis zu sein, dass ich Schuldgefühle in mir kultiviere. Wenn du mir dazu etwas sagen könntest, wäre es für mich eine große Hilfe. Danke, dass du da bist.*

**Deine Zwangsvorstellung kommt daher, dass du nicht genug geliebt wirst**

Liebe Judith,

deine Zwangsvorstellung bezüglich der Substanzen, die du erwähnst, kommt von der schlechten Gesellschaft, mit der du dich umgibst, und daher, dass du nicht genug geliebt wirst. Letzteres kommt zuerst, und der schlechte Umgang mit anderen, die Angst haben zu lieben oder geliebt zu werden, folgt. Gleich und gleich gesellt sich gern. Löse zuerst deine Abhängigkeit von diesen Leuten oder Freunden auf. Dann liebe den Mann körperlich, aber nicht mit einem Mann, der Sex sucht, oder um des Sexes wegen. Er muss dich lieben. Die Drogen und die damit verbundenen Freunde sind Ersatz für die Liebe – Manifestationen von Furcht.

Du solltest dich schämen, statt dich schuldig zu fühlen. Am Wochenende intravenöses Speed? Eine Schande. Dein Schuldgefühl ist eine Entschuldigung deines schändlichen Verhaltens. Fühle dich schuldig und tue es wieder! Was für eine Selbsttäuschung. Welche Zügellosigkeit. Du hast es von mir hören wollen. Jetzt werde deine Freunde los.

## Von Sally

### Es gibt kein Problem, das nicht mit Mangel an Liebe zusammenhängt

Ich schreibe, weil ich ein Problem in meinem Leben habe, und ich brauche ein paar persönliche Worte von dir, oder genauer gesagt, ich muss dir von meinem Problem schreiben. Ich überesse mich regelmäßig, und oft, wenn ich das tue, bringe ich es so weit, dass mir schlecht wird. Die Mediziner nennen das Bulimie.

Ich mache das seit zehn Jahren immer wieder. Ich tue es, um richtigem Leiden aus dem Weg zu gehen, um zu vermeiden, mich der Leere in mir zu stellen. Mein Verstand versteht es sehr clever, mich zum Überessen zu überreden. Es ist, als brauchte ich dieses Betäubungsmittel Essen, weil es so schrecklich ist, in der Gegenwart zu bleiben. Dann kann ich es immer in Ordnung bringen, indem ich alles wieder hochbringe – grässlich, ja. Ich schäme mich. Ich habe immer gedacht: »Heute hört es auf.« Aber zehn Jahre später ist es immer noch das größte Problem meines Lebens. Ich weiß, ich muss damit aufhören. Ich will aufhören, deshalb schreibe ich dir. Ich habe Therapeuten und Ärzte ausprobiert, aber mein Verstand findet immer einen Schlupfwinkel. Ich habe mich immer zu sehr geschämt, um dich um Hilfe zu bitten, und mein Verstand hat mir immer eingeredet, es würde vorbeigehen. Aber nein, ich höre vielleicht monatelang auf, um schließlich doch wieder zu meinem gewohnten Ausweg zurückzukehren. Vielleicht bin ich abhängig von falschem Leiden, aber ich will es nicht mehr. Ich habe wieder angefangen, täglich zu meditieren und Körperübungen zu machen.

Ich habe eine gute Beziehung und zwei wunderbare Kinder. Mein äußeres Leben ist für mich in Ordnung, aber mit dieser Sucht, die ich habe, fühle ich mich wie eine Alkoholikerin. Kannst du mir etwas dazu schreiben? Ich bete darum, dass das Leben mir die Kraft geben möge, wahrhaftig zu sein und richtiges Leiden zu praktizieren.

Ich weiß, dass du sehr mit Briefen, Schreiben, Vorträgen etc. beschäftigt bist, aber ich bitte dich, mir ein paar Zeilen zu schicken.

Liebe Sally,

Anorexie wird von Mangel an Liebe erzeugt. Ihre logische Erweiterung, Bulimie, wurzelt in Scham. Scham und Probleme mit der Liebe sind mit Sex verbunden. Dies sind einfach Definitionen, um für dich eine Basis zu schaffen. Es gibt keine Probleme auf der Erde, die nicht mit Mangel an Liebe festgestellt bei sich oder vermutet bei einem anderen zusammenhängen.

Du sagst, du hättest eine gute Beziehung und dein äußeres Leben sei für dich in Ordnung, was ich so verstehe, dass sie dir keine Sorgen verursachen. Das akzeptiere ich.

Dein Problem ist die Scham. Du schämst dich wegen einer Sache in der Vergangenheit. In deinem Brief erwähnst du das Wort zweimal im Zusammenhang mit Bulimie. Aber diese Scham ist ein Ablenkungsmanöver, eine Wirkung, wie die Bulimie selbst, nicht die Ursache. Wie auch immer: Mit der zweimaligen Benutzung des Wortes weist du mich unbewusst auf die Wahrheit hinter dem trickreichen bewussten Verstand hin, den du erwähnst und der darauf besteht, sich »ich« zu nennen. Er sagt sogar: »Ich bin süchtig«. Du bist nicht süchtig. Du bist tief bedrückt, und dieses quälende Gefühl geht vielleicht auf die Zeit sechs oder neun Monate vor dem Beginn der Bulimie zurück.

Ich möchte, dass du dir diese Zeit genau ansiehst, die nach deinem Brief etwa elf Jahre zurückliegen muss. Suche nach einem traumatischen, emotional schmerzhaften Ereignis.

Dein cleverer Verstand wird versuchen, das Ereignis vor dir zu verbergen. Er möchte den Schmerz nicht ›erleiden‹, die Wahrheit zu erkennen. Dieser Verstand ist eigentlich das eigensinnige, feige Selbst, das auf die eine oder andere Art jedermanns Leben zur Hölle macht, indem es die Wahrheit verdunkelt. Die Ursache liegt darin, dass der Verstand bzw. das Selbst im Dunkel der Verborgenheit gedeiht und im Licht der Ehrlichkeit und Offenheit stirbt oder verschwindet. Deshalb hast du recht, wenn du sagst: »Ich mache das, um richtigem Leiden zu entgehen, um zu vermeiden, mich der Leere in mir zu stellen.« Aber auch hier ist es wieder der Verstand, der sich »ich« nennt, und bei dieser Gelegenheit bekümmert ihn nicht, sich der Leere zu stellen, sondern dem Grundschmerz seiner Existenz, welcher deine Scham ist.

Wofür schämst du dich Sally? Was hast du vergessen, weil es einfach zu schmerzlich ist, sich daran zu erinnern?

## Von Jody

*Bitte hilf mir. Es ist sehr schlimm, das zu sagen, aber ich weiß nicht, wie lange ich noch weitermachen kann. Ich scheine unkontrollierbar auf meine Zerstörung zuzusteuern. Ich bin wirklich dabei, mich dadurch, wie ich lebe, umzubringen. Bitte hilf mir.*

*Im Sommer, nachdem ich dich gesehen habe, war alles anders. Mein Leben änderte sich für einige Monate und ich habe Liebe und Sein und wahres Glück im Lebendig-Sein erlebt. Dann, im Oktober/November, merkte ich, dass sich etwas änderte. Da war ein kaum wahrnehmbares »Etwas«, das versuchte, sich einzuschleichen. Ich bekämpfte es eine Zeit lang mit allem, was mir möglich war, aber seit Weihnachten habe ich den Kampf verloren. Ich weiß, es ist mein Fehler. Ich konnte es nicht aufhalten.*

*Barry, es gibt keine Liebe in mir, nicht einmal für die, die mir am nächsten stehen. Ich habe eine Esstörung, die im Sommer verschwunden ist, aber mit solcher Gewalt zurückkam, dass ich Angst habe, vielleicht wirklich schwer krank zu sein. Ich esse und esse und kann nicht aufhören, selbst wenn mir schlecht wird und mein Magen weh tut. In drei Wochen habe ich sechs Kilo zugenommen. Ich finde mich selbst richtig ekelhaft und abstoßend. Ich kann nicht mehr körperlich lieben. Ich liebe nicht und kann die Liebe, die mir die Menschen um mich herum geben wollen, nicht annehmen. Bitte, wie komme ich aus dieser dunklen, dunklen Hölle heraus?*

**90**

*P. S.: Wirklich komisch: Wie du siehst, hänge ich ziemlich durch,*

*gelinde gesagt, aber ich war gerade draußen, um die Wäsche aufzu-*
*hängen, und es ist so schön da draußen. Weißt du, egal wie verzweifelt*
*ich bin, die Natur da draußen verlässt mich nie. Sie pulsiert in mir und*
*schlägt die tiefste Saite von Schönheit in mir an. Die Luft ist unbe-*
*schreiblich milde, und die Vögel singen ein Lied schierer Freude, und*
*obwohl der Himmel grau ist, strahlt er irgendwie. Ich kann nicht glau-*
*ben, dass ich immer noch diesen Schmerz fühle, wo das Leben doch so*
*reich ist.*

*Hier, alleine, gibt es kein Problem, es ist nur, dass ich die Dinge mit*
*denen, die mir nahe stehen, nicht ins Reine bringen kann. Ich scheine*
*nicht in der Lage zu sein zu verstehen, wie sehr ich mich auch bemühe.*
*Je mehr ich versuche, mein Leben zu verstehen und in den Griff zu*
*bekommen, desto mehr scheine ich mich zu verheddern.*

Liebe Jody,

du musst den Tatsachen ins Auge schauen. Es gibt etwas zutiefst
Belastendes zwischen dir und dem Menschen, der dir am nächsten
steht. Wenn du sagst: »Ich kann die Dinge mit denen, die mir nahe
stehen, nicht ins Reine bringen«, dann sprichst du vor allem von einer Person. Wenn du sagst: »Ich scheine nicht in der Lage

## Du musst ehrlich sein

zu sein zu verstehen, wie sehr ich mich auch bemühe«,
dann frage ich mich, warum du den anderen überhaupt
verstehen musst.

Die Situation ist die, dass du unglücklich bist. Da gibt
es nichts zu verstehen. Und du bist unglücklich über das,
was diese Person mit dir tut oder nicht tut. Du musst ehrlich sein.
Was ist es?

Was ist im Oktober/November passiert? Was für ein Ereignis hat
dich innerlich erschüttert? Es war vielleicht unbedeutend und äußer-
lich folgenlos, aber du musst es finden und sagen, was es war, damit
du zu sehen beginnst, was du fürchtest anzuschauen oder wovor du
dich versteckst. Dein Essproblem kommt daher, dass du merkst, du
wirst nicht so geliebt, wie es nach deinem Wissen von der Liebe sein

**91**

müsste. Du findest Ausflüchte, machst dir Vorwürfe und kritisierst dich, statt der Tatsache ins Auge zu blicken – der einen Tatsache, die dich unglücklich macht.

Ich nehme an, es ist etwas bei dir zu Hause oder in der Familie, und wahrscheinlich wurde es durch ein Ereignis zu Weihnachten verschlimmert, als du aufgegeben hast.

Aber, wie du in deinem Postskriptum schreibst, wenn du aus dem Haus oder von der Familie weggehst, um die Wäsche aufzuhängen, siehst du wie schön das Leben ist, und beschreibst es mir mit der Wahrnehmung einer Frau, die Gott liebt.

Du kannst dieser Hölle, wie du sagst, entkommen, indem du ehrlich zu dir bist und nicht versuchst, etwas zu leben, was du nicht bist.

Einige Wochen später schrieb sie zurück:

*Danke für deinen Brief. Er hat mir geholfen, die Augen für meine Situation zu öffnen, aber mehr als das. Er hat etwas energetisches in meinem Leben bewirkt. Ich sehe jetzt, dass ich mich mein ganzes Leben geweigert habe, mich den Tatsachen zu stellen, indem ich mir Vorwürfe gemacht habe. Jetzt stelle ich mich meiner Frustration und erkenne, dass ich unglücklich über mein Liebesleben war. Dieser Mann ist immer so gut zu mir gewesen, aber seine Geduld und wunderbare Freundlichkeit waren völlig auf das kleine Mädchen in mir gerichtet und nicht auf die Frau, die ich in Wirklichkeit bin. Ich bete jetzt darum, mit dieser Frau vereint zu werden.*

*Die Schwierigkeit ist, dass ich nicht körperlich lieben kann. Mein Mann und ich hören schon lange deine »Making Love«-Kassetten und praktizieren sie so oft wir können. Aber plötzlich finde ich mich nicht mehr in der Lage weiterzumachen. Das geht über das bloße Gefühl von Nicht-Wollen hinaus – ich bin davon wirklich so abgestoßen, dass mir schlecht wird. Meine Gefühle weiter zu übergehen und mechanisch den Geschlechtsakt in der wagen ›Hoffnung‹ zu vollziehen, dass alles in Ordnung kommen wird, wenn ich nur lange genug praktiziere, was die Kassetten sagen, ist für mich unerträglich geworden.*

92

Es ist nicht richtig, Barry. Es funktioniert nicht. Der Sexualakt –
selbst auf deine Art – ist einfach eine Pflicht mehr zu all den anderen Pflichten, die meine Weiblichkeit mir auferlegt hat, vom Betten-
machen bis zum Waschen der Kinder. Glaube nicht, ich
bin wütend über dich, Barry, weil ich weiß, dass du mir
helfen kannst, diese wunderschöne Frau zu werden, von
der ich weiß, dass sie irgendwo in mir ist. Es ist nur so, im
Moment fühle ich mich wie ein seltener und wunderschöner Paradiesvogel, der in einem Käfig gefangen gehalten wird, und ich suche den Schlüssel – wenn nicht,
werde ich irgendwie den Käfig sprengen!

**Du kannst dieser Hölle entkommen, wenn du ehrlich zu dir bist**

Gestern habe ich nämlich etwas Wunderbares erlebt, was
mir die Gewissheit gibt, dass es mehr gibt. Ich sprach kurz
mit einem Nachbarn, einem Mann von großer Stille. In
meiner Maske als unsicher lächelndes kleines Mädchen bin
ich normalerweise bei Männern sehr schüchtern und nervös, aber gestern war ich zu deprimiert für die Anstrengung, mich zu verstellen, und in diesem kurzen Austausch
mit meinem Nachbarn schaffte es die Frau in mir hervor-
zutreten. Etwas fast Exquisites wurde zwischen uns aus-
getauscht. Ich fühlte mich so tief und still, innerlich so schön. Der Raum,
der uns beide umschloss, war so ruhig und dunkel wie eine Kathedrale.
Der Augenblick war so zart und heilig, dass ich den Drang verspürte,
ihm einen wunderbar exquisiten Kuss auf die Wange zu drücken. Ich
kenne diesen Mann kaum, und ganz sicher bin ich nicht in ihn verliebt. Ich hatte das Gefühl, es war ganz egal, wer er war. Ich lache,
Barry, ich bin völlig verrückt – nur: Es wäre noch verrückter, so weiterzumachen wie bisher. Wenn diese Erfahrung nur der Vorgeschmack dessen ist, wie es zwischen Mann und Frau sein kann, dann Barry, glaube
ich dir. Aber was mache ich mit meinem Mann, den Kassetten, dem
Lieben?

In Liebe (weil ich bin)

Liebe Jody,

das ist also passiert und passiert noch in deinem Leben – und in deinem Unterbewusstsein, wo ich wirke, um jene näher zu Gott, der Reinheit oder der Freiheit zu bringen, die wie du bereit und willens sind. Ich werde dir den Brief so vorlesen, dass der hinter den Worten verborgene Sinn deutlich wird. Hinter den Worten, hinter der Oberfläche, hinter dem manifesten Tun, liegt die Wahrheit.

## Ich weiß, dass du mir helfen, kannst die wunderschöne Frau zu werden, die irgendwo in mir ist

Zunächst hat dir mein Brief, wie du sagst, die Augen geöffnet und dir energetisch zu erkennen geholfen – endlich –, dass du über dein Liebesleben unglücklich bist. Das kleine Mädchen in der Frau stopft sich gerne voll, und schließt Kompromisse, um das tun zu können, während die Frau in ihr solche unreife Unreinheit verachtet.

Du sagst, du hörst mit deinem Mann schon lange meine »Making Love«-Kassetten und ihr handelt danach, und nun seist du »plötzlich nicht in der Lage«, ihn körperlich zu lieben. Warum glaubst du, solltet ihr mit den Kassetten das Lieben üben?

Die Bänder wirken im Unterbewusstsein, und sie dienen zwei Zielen: zum einen die Gewohnheit und Selbstzufriedenheit zu durchbrechen, die verhindern, dass ein Paar die körperliche Liebe wieder genießt, wie es zu Beginn der Fall war, und zum anderen, zu klären, ob die Liebe auf Liebe basiert oder auf dem Versuch, den Schmerzen der Vergangenheit zu entfliehen, die schon in einem waren, als man sich kennen gelernt hat.

Das zweite trifft auf dich zu. Du bist im Vollzug des Liebesaktes zum Schmerz der darunter liegenden Frau durchgestoßen – dem Schmerz, nicht richtig oder ungenügend geliebt worden zu sein. Deshalb sagst du jetzt, es sei für dich unerträglich geworden, »meine Gefühle zu übergehen und mechanisch den Geschlechtsakt in der wagen Hoffnung zu vollziehen, dass alles in Ordnung kommen wird, wenn ich nur lange genug praktiziere, was die Kassetten sagen.«

Es ist alles in Ordnung gekommen. Du hast entdeckt, dass du deinen Mann physisch nicht so liebst, wie du immer geglaubt hast. Die Wahrheit hat dich frei gemacht. Du kannst mit diesem Mann nicht mehr so weiter lieben. Er liebt dich nicht genug – oder du liebst ihn nicht genug. In jedem Fall ist es unerträglich. Wenn du sagst, dass das Lieben selbst auf meine Art einfach eine Pflicht mehr ist zu all den anderen häuslichen Pflichten, dann verfehlst du den Punkt, um den es geht: dass nämlich genau das Lieben auf meine Art dir die Wahrheit gezeigt hat. Du sagst deshalb fast widersprüchlich: »Ich weiß, du kannst mir helfen, die wunderschöne Frau zu werden, von der ich weiß, dass sie irgendwo in mir ist.«

Du weißt das, weil der Prozess immer noch andauert. Deshalb fährst du fort: »Es ist nur so, im Moment fühle ich mich wie ein seltener Paradiesvogel, der in einem Käfig gefangen gehalten wird, und ich suche den Schlüssel – wenn nicht, werde ich irgendwie den Käfig sprengen.«

Der seltene und wunderschöne Vogel (auf den ich in meinem »Journal one« Bezug nehme) steht also jetzt enthüllt und nackt in deinem Bewusstsein, deinem Körper da. Sie, die Frau, tritt jetzt nach außen, physisch strahlend, nun offen für die Liebe des Mannes, befreit von der einengenden Liebe des Ehemanns und des häuslichen Jochs.

Was passiert?

Sie spricht zu einem Nachbarn – »einem Mann von großer Stille«. Der Mann in ihm reflektiert ihr neues Bedürfnis nach der Liebe des Mannes, unbefleckt von der Selbstzufriedenheit und Laissez-faire-Haltung der Vergangenheit, die sie umklammert hielten. Sie fühlt den Drang, »ihm einen wunderbar exquisiten Kuss auf die Wange zu drücken«, einem Mann, den sie »kaum kennt«. Die Maske des »unsicher lächelnden kleinen Mädchens«, die sie gewöhnlich annimmt und unter der sie »sehr schüchtern und nervös gegenüber Männern« ist, verschwindet. Dieses eine Mal ist sie Frau. »Ich lache, Barry, ich bin völlig verrückt.« Es ist ein Lied der Freude, der gefundenen Freiheit, nicht von Verzweiflung oder Furcht.

Und sie sagt: »Ganz sicher bin ich nicht in ihn verliebt – ich hatte das Gefühl, es war ganz egal, wer es war.« Ja, Frau, die Wahrheit ist, es ist egal, wer es ist. Es ist nur wichtig, dass er Mann ist und dass du in diesem Moment seine Schönheit siehst (wenn du es tust) – und ihn liebst.

Ihn liebst? Was bedeutet solche Liebe? Du weißt, was sie bedeutet, Jody. In diesem exquisiten Moment willst du, dass dieser Mann dich liebt, dass du ihn physisch in deinen Körper hineinnimmst, so dass ihr euch gegenseitig verzehren könnt und euch in der Ekstase der Liebe ohne Wahl, ohne Rücksicht, ohne Identifikation, ohne Vergangenheit vereint.

Das ist die Stelle, an der du jetzt bist. Aber wirst du es tun? Das ist keine Aufforderung. Es ist die ewige, ewig-präsente Frage der Liebe. Liebst du genügend im jeweiligen Moment, um frei zu sein, wie es die Liebe ist? Um die Liebe mit allem, was du bist, zu ehren, wenn sie da ist? Oder ist Furcht das Maß oder der Käfig unserer Liebe? Wenn die Furcht durch die Zerschlagung der Vergangenheit verschwindet, bin ich dann real genug, die Freiheit zu sein, die ich so lange ersehnt habe und die jetzt vor mir liegt?

Und schließlich fragst du mich, »wenn diese Erfahrung nur ein Vorgeschmack dessen ist, wie es zwischen Mann und Frau sein kann, dann, Barry, glaube ich dir. Aber was mache ich mit meinem Mann, den Kassetten, dem Lieben?«

Lies meinen Brief. Dann siehst du. Dann weißt du.

Aber in der Liebe, in der Freiheit der Liebe, die für dich kurz aufgeblitzt ist, gibt es keine Antworten, keine Patentlösungen. Du musst tun, was du tust; tun, was du weißt. Mehr kann ich dir nicht sagen.

## Von Heidi

*Wie du weißt, habe ich geschafft, mit dem Rauchen aufzuhören, als ich deine Seminare in Europa besucht habe. Aber als ich nach Hause und zur Arbeit zurückkam, fing ich wieder damit an. Meine Bezie-*

hung zu Vinzent wurde immer liebloser. Nach einigen Monaten habe ich gemerkt, dass ich nicht wusste, ob ich weiter mit ihm zusammenleben wollte. Nachdem wir darüber geredet hatten und ich immer noch nicht wusste, ob ich weiter mit ihm zusammenleben sollte, fing er an, über mein Rauchen zu reden. Er hatte mir schon die ganze Zeit sagen wollen, ich solle mit dem Rauchen aufhören, sonst würde er mich verlassen. Schließlich stellte er mir das Ultimatum, und nach einer Weile sagte ich ihm, ich würde versuchen, wieder aufzuhören.

Um es kurz zu machen, ich wusste nicht, ob wir uns zusammen noch weiter entwickeln konnten und ob es das Beste war, sich zu trennen. Ich schaffte es nicht, mit dem Rauchen aufzuhören. Vinzent wurde sehr krank, war arrogant, und es war schwierig, mit ihm zu sprechen oder zusammen zu sein, aber er verließ mich nicht.

Vielleicht hätten wir uns besser gleich trennen sollen? Warum ist es so schwer zu sehen, was zu tun ist? Geht es hier nur um mein Rauchen? Wir haben die letzten Monate nicht viel miteinander geschlafen, aber wenn wir es tun, fühlt sich alles besser an.

Im Moment ist in Vinzent kein Lächeln, keine Offenheit. Ich habe auch das Gefühl, dass er mir die Schuld gibt, wenn ich versuche, ihm zu sagen, wo er nicht aufrichtig ist. Wenn er es in sich nicht finden kann und ich ihn bitte, noch mal hinzuschauen, erklärt er es auf eine sehr clevere, intellektuelle, spirituelle Weise. Wir haben sogar angefangen, uns zu streiten! Und ich rauche immer noch.

Gut ist, dass ich es das erste Mal in meinem Leben geschafft habe zu fasten. Ich fange an abzunehmen.

> # Die Energie, die du vergeudest, brauchst du, um dein Leben zu verändern

Liebe Heidi,
die Energie, die du in deinem Leben vergeudest, brauchst du, um dein Leben zu verändern oder zu transformieren – d. h. euer gemeinsames

Leben in ein harmonisches Ganzes zu bringen. In deinem Fall ist das am leichtesten identifizierbare Leck die Gewohnheit zu rauchen bzw. die Abhängigkeit vom Rauchen. Auch das Essen. Was kannst du zuerst angehen? Ich sagte, das Rauchen. Aber vielleicht ist es anders herum. Die Überwindung der Essfixierung bzw. –sucht kann eventuell die Energie freisetzen, um das Rauchen anzugehen und zu beenden. Du musst irgendwo beginnen. Das heißt in jedem Fall Selbstverleugnung. Das Fasten, muss ich dir sagen, ist kein Heilmittel. Es ist ein Scheinmittel, das von Frauenmagazinen etc. propagiert wird, und es macht Frauen (und Männer) unglücklicher als vorher, weil sie – außer in seltenen Fällen – nicht durchhalten und wieder anfangen, zu viel zu essen, bis zum nächsten verzweifelten Fasten. Die Heilung liegt darin, bei jeder Mahlzeit den Drang zu meistern, zu viel zu essen, damit das Essen in Maßen erfolgt, wie das Atmen.

Es ist natürlich für dich und Vinzent eine Möglichkeit, sich zu trennen. Aber ich glaube, es ist besser, wenn du dich zuerst vom Rauchen trennst. Hast du deine Prioritäten klar im Auge, Heidi? Was oder wen liebst du, das Rauchen oder Vinzent? Wenn du das Rauchen mehr liebst, dann fühlt sich Vinzent natürlich hintergangen, nicht gewürdigt, nicht geliebt. Und er wird hart werden, um sich vor dem Schmerz zu schützen, die zweite Geige hinter einer Zigarette zu spielen. Deuten denn die Indizien darauf hin, dass es deine Rauch- und Esssucht heilt, wenn du dich von Vinzent trennst? Ich glaube nicht. Aber wenn du das Rauchen aufgibst, scheint mir alles auf eine engere Verbindung mit dem Mann, den du offenbar liebst, hinzudeuten. Denn der Mann kam vor jeder anderen Liebe, welche die Frau sich angeeignet hat.

Es ist nicht leicht, mit einer angeeigneten oder unnatürlichen Liebe zu brechen; manchmal ist es härter als mit der wirklichen Liebe. Ich bin in eurem Streben, dem treu zu sein, was ihr für wahr erkannt habt, bei euch beiden.

# Von Veronika

*Deine Lehre hat mich jetzt zwei Jahre begleitet. Die Energie deiner Worte hat in mir das wunderbare Gefühl meiner selbst erweckt. Ich fühle meine eigene Liebe in mir. Stetig erklimme ich den Berg meines Selbst. Ich habe schon einige Jahre lang keinen Mann mehr körperlich geliebt; Gelegenheiten zum Sex hat es gegeben.*

*Nie mehr kann ich mich dem Sex hingeben. Ich fühle der Liebe gegenüber große Dankbarkeit, die du bist, und die in mir die Liebe erweckt hat, die ich bin. Die Energie der Worte ist in mir.*

*Ich habe dich nicht zum Idol gemacht und denke auch nicht an dich. Meine Frage: Ich sehne mich danach, dich körperlich zu lieben. Das verursacht bei mir weder Schmerz noch Leid. Ich sehne mich nach Vereinigung mit dem männlichen Prinzip, das Liebe ist. Du bist das.*

*Mir ist bewusst, dass ich von Emotionen überlagert und starr bin. Aber dieses Sehnen nehme ich nicht als Emotion wahr. Dieses Sehnen scheint mir wie mein natürlicher Zustand. Warum, Barry, sehne ich mich vor allem danach, dich zu lieben? Kannst du mir das bitte sagen?*

**Die Antwort auf eine Frage ist immer in der Frage selbst enthalten**

Sie schrieb zehn Tage später noch einmal:

*Auf einer deiner Kassetten sagst du, Furcht ist Schutz, aber schließlich muss die Furcht im aktuellen Augenblick angesehen werden. Ich kann diesen Zustand des Bewusstseins, der ich bin, nicht erreichen, solange ich dieses verzweifelte, überwältigende Bedürfnis nach Essen und Zigaretten habe.*

*Ohne diese Dinge fühle ich eine merkwürdige Leere in mir. Mein Mund ist nie leer. Ich bin mir dessen jetzt bewusst, als ob ich mich beobachten würde. Ich bin eine wohlgerundete Frau. Ich erfreue mich meines Körpers, trotzdem unterwerfe ich mich dem Verstand, der sich mit Bildern und dem Druck der Welt quält, schlank zu sein. Wenn ich mich zwinge und aufzuhören versuche, fühle ich ungeheuren Druck und Stress auf mir lasten. Wenn ich stiller werde, wird die Emotion sogar noch gieriger und will immer mehr. Viele Jahre lang habe ich enthaltsam gelebt. Ich stehe der Liebe schutzlos gegenüber, nicht dem Sex. Das Bedürfnis nach diesen Dingen war schon in mir, bevor ich enthaltsam wurde. Mein größter Wunsch ist, mich von dieser Emotion zu reinigen, die das Verlangen nach diesen Dingen oder anderem erzeugt.*

*Kannst du mir Rat geben, und kann ich dir wieder schreiben und um mehr bitten?*

*Danke.*

Liebe Veronika,

nein, du darfst mir nicht mehr schreiben und um mehr bitten. Im letzten Satz deines zweiten Briefes beschreibst du die Ursache deines Problems und gleichzeitig dessen Behandlung. Die Antwort auf eine Frage ist immer in der Frage selbst enthalten.

Die gierige Emotion, die du beschreibst, lebt von deinem Bedürfnis, mehr zu bekommen. Von jetzt an muss es dir genügen, genug zu haben. Deshalb: Jedes Mal, wenn du mehr möchtest – nachdem du schon etwas bzw. genug gehabt hast – lass es.

## Deine Gier nach Essen und Zigaretten ist Sex in anderer Form

Es gibt kein Zaubermittel für dein Problem. Du musst es tun. Du musst dich deinem Selbst verweigern, das deine Gier ist. Du musst nein sagen, wie du nein zum Sex gesagt hast, wie du sagst. Deine Gier nach Essen und einer weiteren Zigarette ist Sex in anderer Form. Jedes Mal, wenn du mehr willst, musst du dir dessen in deinem Leben bewusst werden. Du wirst das – abgesehen vom Verlangen nach Essen oder Nikotin – ganz allgemein in vielen subtilen Formen erkennen. Wenn du noch ein Telefonat führen willst – lass es. Wenn du jemandem etwas sagen willst, weil du meinst, du hättest die Sache nicht klar genug gemacht – lass es. Wenn du das Bedürfnis hast, deinen Benzintank aufzufüllen, obwohl es nicht nötig ist – lass es.

Es ist nicht der Druck der Welt, der dich wünschen lässt, schlank zu sein. Es ist dein inneres Wissen von der Wahrheit, dass du dich vollstopfst und dass du die Macht hast, deine Besessenheit zu überwinden. Nicht durch Kampf oder immer neue Versuche, was der unverantwortliche Weg ist, sondern indem du weißt, warum du der Gier nicht nachgibst – indem du für sie verantwortlich bist. Im Moment tust du so, als sei die Gier etwas von dir getrenntes. Das ist sie nicht. Sie ist du selbst. Deshalb wäre es besser, wenn du dich in den Griff bekommst, und zwar in den kleinen Dingen, bevor sie zu dem Monster der beiden großen Dinge heranwachsen, die du erwähnst.

Du kannst mir in drei Monaten wieder schreiben und mir sagen, welchen Erfolg du hattest, dir in all den ›unwichtigen‹ Dingen Zügel anzulegen. Jeder möchte gerne das große Problem loswerden, ohne zu sehen, dass es eine Anhäufung all der kleinen Probleme ist, denen er so viele Male am Tag Nahrung gibt.

Zur Frage, ob du mich körperlich lieben darfst. Wieder dieselbe Situation: Du fühlst große Dankbarkeit der Liebe gegenüber, die ich bin, die dich zu der Liebe, die du bist, erweckt hat – und dann bittest du um mehr. Nicht die Frage ist das Problem. Es ist der Zwang, die Frage zu stellen.

# Von Holly

*Ich fordere dich heraus, Barry Long.*

*Du bist ein Mann. Du kannst nichts wissen von der Liebe, die die Frau ist, oder von dem Schmerz ihres Leidens.*

*Du hast gesagt: »Die Frau kann nicht tun, was ich tue.« Aber eine Frau muss das tun, was du für die Frau tust, für die Liebe, die sie ist.*

*Du magst glauben, dass du die Frau kennst, aber du bist nicht sie.*

Liebe Holly,

du undankbare Frau. Warum hast du es nötig, mich herauszufordern?
Was habe ich dir getan, um so einen Ausbruch deiner
Unabhängigkeit, deines Schmerzes zu rechtfertigen?

## Ich bin mit Ihr vereint in der Liebe zu Gott, als Mann

Habe ich dir nicht geholfen? Habe ich je irgendetwas
für mich verlangt, wenn ich deine Schreie nach Wahrheit und Liebe beantwortet habe? Diene ich nicht der
Frau, tue mein Bestes, um ihr zu helfen, sich von der
erworbenen Lieblosigkeit zu befreien, die du auf mich
gerichtet hast?

Nein, ich bin nicht Sie. Aber ich liebe Sie, bin mit ihr
vereint in der Liebe zu Gott, als Mann. Und in dem Maße,
wie Sie in einer Frau ist, hört Sie mich und liebt mich, weil ich danach
strebe, sie zu erreichen, sie zu befreien.

Schreibe mir von deiner Liebe, nicht von deiner Wut. Oder geh deiner Wege und lebe damit.

## Von Margret

*Deine Lehre hat mich jetzt schon einige Jahre begleitet, und ich danke
Gott, dass er mich zu dir geführt hat. Deine Lehre ist eine Freude für
mich, und ich erkenne in meinem Leben immer mehr ihre Richtigkeit
und Wahrheit. Zuerst will ich dir also dafür danken, dass du tust, was
du tust, dass du bist, der du bist, und dass du die Dinge beim Namen
nennst.*

*Ich kann immer das Gute in meinem Körper fühlen, selbst wenn ich
sehr aufgewühlt bin und sehr leide, doch: Ich bringe trotzdem nicht das
Vertrauen auf, dass das Leben für mich sorgen wird. Meine größte Angst
ist derzeit, allein zu sein und keinen Mann zum Lieben zu haben.*

*Mein Partner befasst sich seit ein paar Jahren mit der Lehre. Als er
dich persönlich traf, verschwanden sofort alle Zweifel darüber, wer du
bist, und er akzeptierte die Lehre vollständig.*

Doch obwohl er die Lehre akzeptiert, scheint er sehr wenig bereit, sie zu leben, und unsere Beziehung steht unter enormem Druck. Besser gesagt: Das Leben ist eine Hölle, und ich glaube, ich werde verrückt, wenn ich nicht weggehe.

Obwohl er von deiner Lehre angetan ist, sagt er, dass sie ihm fremd ist, und weigert sich, deine Kassetten anzuhören. Es ist tödlich, wenn ich irgendetwas erwähne, was du über Beziehungen lehrst (obwohl ich es auch auf mich anwende), weil er dann einfach sagt, es ist für dich okay, weil du Barry Long bist. Ich muss sagen, dass ich nicht alle zwei Minuten mit Barry Long nach ihm werfe, aber ich versuche, ihm die Wahrheit klar zu machen, die ich gehört habe und die ich mit ihm leben will.

Ich möchte dir gerne sagen, was er im Moment in unserer Beziehung tut und was mir solche Angst macht, weil ich nicht mehr weiß, wie weit meine Reaktionen von meinem Selbst her kommen und wie weit es das Leben ist, das sich hindurcharbeitet.

Er sagt, er hätte mich gern, aber er liebe nicht tief – das sei bei jedem so, von dem er sagt, dass er ihn liebe.

Mein Körper ist derzeit ein Problem, denn er sagte mir, er gefalle ihm nicht (ich bin Mitte 40 und bin an einigen Stellen etwas schwabbelig geworden – das mag er nicht). Ich habe sehr emotional reagiert, als er das sagte. Es war auch Erleichterung dabei, weil ich wusste, dass es da ein Problem gab, obwohl er es zuerst abstritt. Ich weiß, das ist mein Selbst – ich kenne den Mechanismus von Reiz und Reaktion und dass dies meine Nerven blank gelegt hat. Aber ich hänge mich dran, wie ein Hund an einen Knochen – genau gesagt, ich mache mich lächerlich und bringe es immer wieder mit unserer Beziehung in Verbindung.

**Ja, er liebt dich – aber liebt er dich genug?**

Er versuchte, mir (und sich) einzureden, er hätte »diese Verurteilung meines Körpers« (seine Worte) bearbeitet, und sie wäre erledigt. Das hat er zweimal getan, und beide Male gab er zu, dass er gelogen hatte und die Verurteilung immer noch da sei. Jetzt weiß ich nicht mehr, was für ihn mich betreffend die Wahrheit ist und was nicht.

Er sagt, diese Abneigung gegenüber dem Körper des Partners sei ganz normal und komme daher, dass: »Ich ein Mann in unserer Kultur bin«. Das Problem ist nicht so sehr die Kritik an meinem Körper, wenn ich sie auch nur schwer akzeptieren kann, es sind die Hindernisse für die Liebe – für ihn wie für mich – die jetzt errichtet sind.

Außerdem will er nicht mit mir reden. Manchmal (ich bin nicht immer emotional) sage ich ihm ruhig, wie ich mich in dieser Situation fühle, und dann will er mir einfach nicht antworten. Oft wird er schläfrig und schläft sogar ein, während ich mit ihm rede. Ich bin sicher, wenn ich nie mehr eines unserer Probleme erwähnen würde und mich nur allgemein mit ihm unterhalten würde, wäre alles wieder normal – aber ich kann mit der Unehrlichkeit nicht leben.

## Die Lehre zu akzeptieren heißt, sie zu leben

All das lässt mich wünschen, die Beziehung zu beenden (wir sind seit 15 Jahren zusammen), aber etwas hält mich hier. Ich weiß, in mir ist (obwohl sie einen großen Schlag erlitten hat) immer noch Liebe für ihn, und ich sage mir, ich bleibe, weil es noch nicht zu Ende ist. Aber ich habe Angst, dass ich nie mehr einen anderen Mann finden werde und für den Rest meines Lebens allein bleibe. Ich frage mich auch, ob es diese Furcht ist, die mich in dieser unglücklichen Beziehung festhält. Mit anderen Worten, dass die Angst vor dem Alleinsein der eigentliche Grund ist, dass ich bleibe, und alle anderen Gedanken nur Illusionen sind.

Es tut mir leid, dass ich so einen langen Brief geschrieben habe. Bitte glaube nicht, ich wolle dir nur die Fehler meines Partners aufzählen. Ich glaube, dass es für mich nicht gut oder akzeptabel ist, von ihm zu verlangen, sich zu ändern. Ich bin es, die nicht weiß, was sie in dieser Situation tun soll, und ich kann damit einfach nicht leben.

Noch einmal, Barry, es tut mir leid, dass dieser Brief so lang ist, und ich weiß, wie beschäftigt du bist. Ich hoffe, dass der Akt des Schreibens etwas Wahrheit in mein Leben bringt, und so danke ich dir, dass du da bist.

In tiefer Liebe für den Meister.

Liebe Margret,

was kannst du tun?

Zunächst einmal, wenn ein Mann zu einer Frau sagt, dass er ihren Körper nicht mag, dann muss sie tun, was offensichtlich ist, nämlich ihm nicht erlauben, in ihn einzudringen, bis er seine negative Meinung ändert. Ihm zu erlauben, in ihren Körper einzudringen, wann immer es ihm passt, ist eine Verleugnung der Liebe und des Bewusstseins, nach dem sie sich sehnt. Und es zeigt, dass er in seiner Liebe geteilt ist, und zwar so weit, dass er zwei Gesichter hat. In keinem Fall ist damit der Wahrheit gedient, und die Lüge einer unglücklichen Beziehung besteht fort.

Du sagst, dein Partner akzeptiere meine Lehre vollständig. Das ist Unsinn, intellektuelles Theoretisieren. Die Lehre zu akzeptieren heißt, sie zu praktizieren, sie zu leben. Und man kann nicht Teile davon auswählen, um sie zu leben. »Vollständig« heißt »alles«. Es gibt keine Spezialisten für irgendwelche Aspekte meiner Lehre. Es ist ein Leben der völligen Selbst-Verneinung. Sein Selbst

❖ weigert sich, meine Kassetten anzuhören;
❖ kritisiert meine Lehre bezüglich Beziehungen (Was zum Teufel macht ihr zusammen?);
❖ weigert sich, dir zuzuhören, wenn du auf seine Unehrlichkeit hinweist, egal, worauf der Punkt sich bezieht;
❖ sagt, er hat dich gern, aber liebt nicht tief (aber lebt weiter mit dir zusammen);
❖ entschuldigt, was ihm zusagt und was nicht, indem er sagt: »Ich bin ein Mann in unserer Kultur« (das ist ein Beispiel dafür, dass er kein Mann ist und keine Verantwortung übernimmt);
❖ will nicht mit dir sprechen;
❖ wird schläfrig und schläft ein, wenn du versuchst, mit ihm über eure Probleme zu sprechen.

**Sagt ein Mann einer Frau, er möge ihren Körper nicht, dann darf sie ihm nicht erlauben, in ihn einzudringen**

105

Zweitens, du kannst ihn verlassen. Das beschreibst du als Hölle. Glaubst du, die Hölle wird besser? Ich würde sagen, was du beschreibst, ist der lebendige Tod, was, wie ich vermute, eine andere Beschreibung der Hölle ist. Wenn du weißt, dass es nicht gut oder akzeptabel für dich ist, von ihm zu verlangen, sich zu ändern, dann liegt es an dir, etwas dagegen zu tun.

Drittens, du darfst nicht jenseits des ersten Schritts, den du machst, auf die Zukunft schauen. Das erzeugt Angst. Du musst dich zuerst von der Situation befreien, bevor du auch nur einen Gedanken darüber zulässt, was dann passiert – besonders bezüglich der Frage, ob du ganz allein dastehen wirst.

## Ich sage niemandem, was er tun soll

Ich sage niemandem, was er tun soll. Du hast mich um Rat gebeten, und ich habe auf der Basis deiner Hinweise geantwortet. Meine Lehre hat zum Ziel, den Mann ehrlich und edel zu machen (wie er zu Anfang war), indem er Verantwortung für sein unehrliches und unedles Selbst übernimmt und nichts davon mehr zulässt; und die Frau dahin zurückzuführen, die Intelligenz der Liebe zu sein, eine Intelligenz, die mit dem unglücklichen Selbst des Mannes bzw. ihren eigenen Zweifeln und Ängsten keine Kompromisse eingeht, so wie sie zu Anfang war.

Dieser Brief ist keine Kritik an deinem Partner oder dir. Er ist eine Darstellung der Situation für jeden, der die Wahrheit darin sehen kann.

## Von Celia

*Mein Partner und ich kommen oft zu deinen Treffen. Ich höre die Wahrheit, die du sagst, und strebe danach, sie zu leben. Es drängt mich, dir zu schreiben, weil ich in meiner Beziehung ein Problem mit Eifersucht habe. Ich weiß nicht, was ich tun soll.*

*Ich liebe meinen Partner und möchte mit ihm zusammen sein, aber in den rund drei Jahren unserer Beziehung hat die Eifersucht in ihm* immer wieder ihr hässliches Haupt erhoben und ist buchstäblich explodiert. Er sagt, er wisse nicht, warum er so eifersüchtig ist. Aber ich will die Eifersucht nicht und schicke ihn immer wieder weg, bis er sie anschaut, doch er kann oder will es nicht.

Ich kämpfe mit mir selbst. Ich will keinen eifersüchtigen Partner, und trotzdem liebe ich ihn. Meine Verwirrung, was ich tun soll, ist so mächtig. Könntest du etwas dazu sagen?

Während ich diesen Brief schreibe, sind wir getrennt. Ich bin nicht unglücklich. Ich möchte, dass es in Ordnung kommt. Was kann ich für uns beide tun?

Danke, dass du meinen Brief liest.


Liebe Celia,

ein eifersüchtiger Mann ist ein unglücklicher Mann, und wenn er keinen guten Grund hat, eifersüchtig zu sein, hat er kein Recht zu dieser besonderen Form des Unglücklichseins.

Worüber ist er unglücklich? Er muss ehrlich genug sein, zu sagen, was es ist. Die Eifersucht verschleiert etwas – deshalb ist sie irrational. Was ist sein heimlicher Neid oder sein heimlicher Selbstzweifel? Ich kann mir vorstellen, dass es mit seiner Jugendzeit zu tun hat – dass er irgendeine Unklarheit oder innere Unsicherheit aus diesen Jahren nicht losgelassen hat und deshalb (in dieser Hinsicht) nicht erwachsen ist. Ich sage das nicht, um dem Mann Vorwürfe zu machen – aber er sollte sich das, was ich sage, sehr genau anschauen. Hilf ihm, indem du Fragen stellst.

Solange diese Sache in ihm ist, wird sie sich immer zwischen euch stellen; so wie es jetzt zur Zeit deines Briefes der Fall ist.

## Ein unglücklicher Mann wird dich unglücklich machen

Ein unglücklicher Mann wird dich unglücklich machen. So einfach ist das, egal, wie sehr du ihn liebst. Er muss dich genug lieben, um die Ursache zu finden. Sie liegt in seiner Vergangenheit.

# Von Avibha

*Ich habe dich zweimal gesehen und hatte nie den Mut, vor dir aufzustehen und mich mir zu stellen. Es geht um mich und meinen Freund. Wir sind seit etwa drei Jahren zusammen. Viele Jahre waren wir bei Osho. Jetzt hören wir deine Kassetten an, und es scheint, dass ich kein bisschen tiefer in mich hinein gekommen bin. Ich bin die gleiche wie mit zwanzig Jahren, und jetzt bin ich dreißig. Ich habe sexuelle Probleme und Schwierigkeiten mit meinem Freund.*

*Die letzten Monate habe ich mich ihm entweder sexuell verweigert oder vermieden, mit ihm zu schlafen. Mir ist klar geworden, dass ich nie wirklich gewusst habe, was Liebe ist. Ich habe Angst, zu ihm zu sagen: »Ich liebe dich«; und ich habe aufgehört, mit ihm zu schlafen.*

*Es ist, als ob in mir eine Barriere ist, die mich an einem bestimmten Punkt des Hochgefühls sagen lässt: »Genug, ich kann nicht weiter«. Er ist immer frustriert. Immer, wenn er sich gut fühlt, kommt wieder dieses Monster in mir hoch und zerstört das Schöne.*

*Wir haben geredet und geredet. Ich weiß nicht, was ich tun soll, außer weiter darüber zu meditieren. Es scheint, als ob es kein Ende gibt, und ich fühle ein Schreien in mir. Ich sehe, wie ich immer um denselben Punkt kreise. Bitte sage mir etwas.*

*Ich will mich nicht trennen, aber ich will wieder glücklich sein. Ich muss das lösen, sonst ist meine Beziehung zu Ende, und das will ich nicht. Bitte, sag mir, was ich falsch mache.*


Liebe Avibha,

was tut dein Freund, das in dir das Gefühl erzeugt, er liebe dich nicht? Dem musst du dich stellen, und dann musst du ihn damit konfrontieren, so dass ihr es in Ordnung bringen könnt, ohne emotional zu werden und euch gegenseitig Vorwürfe zu machen. Sonst wirst du weiter unterbewusst ihm gegenüber eine Härte in dir tragen. Das stört euer Liebesleben. Sei ehrlich. Sei aufrichtig. Wenn er dich nicht genug liebt, wirst du ihn früher oder später verlassen.

# Von Rosa

*Kannst du bitte etwas zur Geburtenkontrolle sagen? Was passiert, wenn man nach deinen »Making Love«-Kassetten lebt und versucht, nach reiner Liebe zu streben, aber der Mann immer noch relativ oft in der Frau ejakuliert? Ist es wichtig, die Ejakulation zu kontrollieren oder die Vagina vor dem Erguss zu verlassen, oder kommen diese Dinge von selbst in Ordnung, wenn man lernt, mehr zu lieben?*

*Ich habe Angst, auf diese unfreiwillige Weise schwanger zu werden, und ich habe gerade eine Abtreibung hinter mir, die mir mein Mann noch nicht verziehen hat. Er sagt, wenn ich mehr Vertrauen ins Leben hätte und nicht so paranoid wegen einer Schwangerschaft wäre, dann wäre ich auch nicht schwanger geworden. Stimmt das?*

*Ich hätte gern später ein Kind, möchte aber, dass wir zuerst lernen, uns mehr zu lieben. Ist dies etwas, worüber ich nicht nachdenken sollte, und wenn das Leben mir ein Kind schenkt, soll ich es dann einfach bekommen?*

*Ich hoffe, du kannst zu dem Ganzen etwas sagen. Es stellt im Moment ein ziemliches Problem zwischen mir und meinem Mann dar, und bis jetzt bin ich nicht in der Lage, einen Ausweg zu sehen. Bitte, schreibe mir, wenn du kannst.*

*Danke. Ich bin froh, dass du in meinem Leben bist.*

## Wenn er dich nicht genug liebt, wirst du ihn früher oder später verlassen

Liebe Rosa,

es ist dein Leben und nicht das deines Mannes. Und es ist dein Körper – welcher dein Unterbewusstsein ist – nicht seiner. Wenn ihr euch wirklich liebt, seid ihr eines Geistes, und dann gibt es keine Differenz, kein Problem. Meine Liebe und ich können zusammen alles lösen – solange wir bzw. in dem Maße, wie wir in Liebe zusammen sind.

Ihr müsst ehrlich untersuchen, wie weit ihr zusammen seid. Wie sehr er dich liebt und du ihn.

## Gewohnheitsmäßiges Ejakulieren ist ein Verlangen des unreifen, kopfgesteuerten Mannes

Liebe heißt beim Mann, um des Vergnügens und des Privilegs willen zu lieben, dein Unterbewusstes, dein Mysterium, deinen Körper zu betreten – und nicht nur, um zu ejakulieren. Er muss nicht so oft ejakulieren, wenn er dich körperlich liebt, und es ist selbstsüchtig von ihm, es zu tun. Er kann und muss lernen, sich schneller in seinem Unterbewussten, seinem Körper, zu bewegen, und darf nicht dem hormonalen Druck unreifer sexueller Sucht nachgeben.

Das Entzücken des Mannes ist es, mit dir zusammen die Liebe zu vollziehen – nicht zu ejakulieren. Gewohnheitsmäßiges Ejakulieren ist ein Verlangen des unreifen, kopfgesteuerten Mannes, das an seinem Drang zu masturbieren zu erkennen ist. Der unreife kopfgesteuerte Mann benutzt Phantasien, um sich sexuell zu stimulieren, und erzeugt dadurch eine Sucht nach Erregung. Wenn der Mann dann in den Körper einer Frau eindringt, kehrt sich der Prozess um, und die lustvolle Stimulierung bewirkt die Erregung – was zum Orgasmus führt.

Ein erfahrener, wenn auch immer noch unreifer Mann, versucht das zu verhindern, indem er sich zwingt, seine Erregung und Ejakulation über den Kopf zu kontrollieren – Unterdrückung. Dies wird allerdings vom vaginalen Bewusstsein der Frau wahrgenommen und durchkreuzt die Lust ihrer Liebe, ihrer Erfüllung, auch wenn ihr dieser Gedanke vielleicht nicht bewusst wird. Doch sie wird spüren, dass etwas fehlt. Und der Mann seinerseits wird das Ganze ›durchziehen‹, ohne viel Liebe beim Akt zu spüren. Auch sein Penis wird immer unsensibler und verlangt deshalb zunehmend nach künstlicher Stimulierung.

Zu einer anderen deiner Fragen. Nichts, was mit der Sexualität des Mannes zu tun hat, bringt sich selbst in Ordnung. Er muss für seinen Teil, seinen Körper verantwortlich sein.

Warum solltest du nicht wollen, schwanger zu werden? Wenn er dich genug liebte, würdest du nicht zögern, jetzt sein Kind zu bekommen. Aber es ist nicht so, oder du glaubst nicht, dass es so ist. Ich zitiere einen Satz aus deinem Brief: »Ich hätte gerne später ein Kind, aber möchte gerne, dass wir zuerst lernen, uns mehr zu lieben.«

Das bedeutet nicht, was dein Verstand glaubt. Es wurde von deinem Unterbewussten geschrieben, deinem Körper. Es bedeutet: »Wir lieben uns nicht genug, dass ich ein Kind (warum hast du nicht »sein Kind« gesagt?) bekommen möchte.« Du willst später ein Kind, wenn der Mann (wer immer es sei) dich genug liebt.

Dein Mann hat dir eine Abtreibung nicht vergeben? Das ist Mangel an Liebe und Verständnis. Das weißt du. Und es ist nicht wahr, was er über Vertrauen zum Leben und nicht schwanger werden sagt. Es ist nicht Vertrauen zum Leben, was du brauchst oder was dir fehlt. Es ist das Vertrauen in seine Liebe. Und das hast du nicht, stimmt's? Wie könntest du auch, wenn er sich erst das göttliche Recht anmaßt, jemandem zu vergeben, und gleich danach dieses Recht verwirkt, indem er nicht vergibt.

Ich nehme an, ihr könnt dies beide zusammen in Liebe lösen, nicht durch Streit oder Vorwürfe. Wenn ihr das nicht schafft, wird der Mangel an Liebe größer werden und schließlich zur Trennung führen.

Ich mache die Regeln nicht. Ich sage nur, wie es ist. Ich sage dir nicht, was du tun sollst. Es liegt alles bei dir. Du hast um meine Hilfe gebeten, und dies ist sie.

## Wenn wir uns dem Sex wirklich stellen, wird er schließlich wieder zur Macht der Liebe

## Von Cheryl

*Über deine Lehre und die Frau bin ich sehr verwirrt. Es scheint, als ob die Frau in einen Zustand zurückversetzt wird, aus dem sie sich Jahrhunderte lang zu befreien versucht hat. Ich habe einmal einen Film gesehen, in dem die Frauen jeden Tag Pillen bekamen, um sie zu perfekten Weibchen zu machen. Das ist in mir hochgekommen.*

*Ich weiß nicht, ob du verrückt bist oder nicht. Ich fühle mich ausgelaugt, verwirrt, und sehe in meinem Mann Roger einen Roboter, der einer Gehirnwäsche unterzogen wurde. Ich habe dir früher zugehört und dir vollständig vertraut und habe gesehen, wer du bist. Jetzt habe ich Zweifel.*

*Ich hoffe, du kannst verstehen, was ich zu sagen versuche.*

Drei Tage später schrieb sie wieder:

*Du hast wahrscheinlich meinen ersten Brief gelesen, den ich vor ein paar Tagen geschrieben habe. Ich fühle mich jetzt viel weicher und nicht so emotional. Ich hatte Zeit, alles zu spüren, was in mir vorging, all die Ängste wegen der Veränderungen, die vor mir und Roger liegen, all die Ängste, die die Lehre in mir hochbringt. Ich möchte nicht mehr dagegen ankämpfen.*

*In den letzten Tagen sind mir all die Schutzpanzer bewusst geworden, die ich mein ganzes Leben lang um mich gelegt habe, und wie langsam sie sich auflösen, wie ich nie die Dinge an mich heranlasse. Ich spüre erst jetzt den Schmerz. Ich habe Angst, mit Roger zu schlafen, falls er nicht völlig ehrlich ist, weil ich keinen Sex mehr in mir haben möchte. Aber wir sprechen sehr ehrlich über alles, und das ist ein gutes Gefühl.*

*In meinem ersten Brief schrieb ich, ich dächte, du seist verrückt, aber ich glaube, ich hätte dir nicht geschrieben, wenn ich das wirklich glauben würde. Ich habe jetzt Zeit gehabt, einige Dinge für mich zu klären, und ich weiß, dass du die Wahrheit sprichst, und deshalb schreibe ich dir.*

Liebe Cheryl,
du wirst solche Störungen immer wieder mal erleben. Sie sind unvermeidlich, wenn du dich auf mich und meine Lehre ausrichtest. Ich bin Liebe, und meine Lehre ist Wahrheit. Ich kann das sagen, weil ich alles lebe, was ich lehre, wie du eines Tages alles, was du deine Kin-

der lehrst oder anderen sagst, leben musst. Das ist Liebe – zu leben, was man sagt oder wovon man spricht.

Diese Liebe, diese Wahrheit, die ich bin, ist energetisch. Sie wirkt im Unterbewussten unter den Glaubensvorstellungen, den Meinungen und dem, was du glaubst zu glauben. Sie wirbelt den Müll auf, das eigensinnige, unabhängige Selbst, das von sich glaubt, es wisse etwas von Wert, wo doch alles, was es weiß, Probleme und Frustrationen erzeugt.

Meine Energie wirbelt den Müll auf, dass du ihm bewusst – wenn auch unvermeidlich schmerzhaft – ins Auge sehen kannst. Die Konfrontation löst ihn allmählich auf. Der Müll ist die Vergangenheit in dir. Und seine Virulenz, seine zerstörerische Kraft, liegt in der zurückliegenden emotionalen Abhängigkeit vom Sex.

**Das ist Liebe – zu leben, was man sagt**

Diese sexuelle Emotion, die in deinem Unterbewusstsein wohnt, besteht aus zwei sich widersprechenden Elementen: Schmerz und Erregung. Diese zerren abwechselnd an dir, wenn du dich der Emotion stellst. Der Schmerz ist der Schmerz deiner sexuellen Vergangenheit, die keine Liebe war; die Erregung ist das Aufputschen, das die sexuelle Aktivität begleitete, und ist jetzt immer noch in deinen Emotionen.

Nun werde ich eins nach dem anderen über diese beiden Elemente sprechen: den Schmerz und die Erregung durch die sexuelle Vergangenheit, welche die Gegenwart prägt.

### Schmerz

Das erste Element ist Schmerz/Angst – wie dein Zustand bei deinem ersten Brief. Und die erste Reaktion des unwissenden menschlichen Verstandes (wie du aus dem Brief ersehen kannst) ist der Versuch, den Schmerz durch Schuldzuweisung (für den Schmerz) auf andere abzuwälzen. Aber da der Verstand unwissend und noch nicht erleuchtet ist, weiß er nicht, dass der Schmerz aus Vergangenheit besteht. Es ist der leidvolle emotionale Schmerz, den du erlitten hast, als du dich auf deiner früheren Suche nach Liebe sexueller Freiheit und Zügellosigkeit hingegeben hast. Solche Zügellosigkeit hinsichtlich des Selbst oder der Sexualität verspricht, besonders wenn sie von einer spirituellen Lehre wie der von Rajneesh ermutigt wird, die Verwirklichung von Liebe und Befreiung. Aber sie versagt kläglich, dieses Ziel zu erreichen, denn diese männliche Manipulation lässt verzweifelte, ausgebeutete Frauen zurück.

Die Tragödie ist jedoch, dass die betroffenen Frauen oft glauben, es tue ihnen gut und sie seien sexuell ziemlich emanzipiert, und wahrscheinlich emanzipierter als die meisten ›normalen‹ Frauen (bis sie mit meiner Lehre konfrontiert werden). Aber hier handelt es sich um nichts weniger als die manipulative männliche Sexualität, die in Sie, die Frau, hineingetragen worden ist und die bewirkt, dass sie sich immer wieder aus den besten Gründen weiter der teuflischen, räuberischen männlichen Sexualität hingibt und ihr dient – und zwar in ihren eigenen Gedanken und Handlungen, die die Phantasien der Männer anregen. Sie glaubt, sie habe die Kontrolle, und hat sie längst verloren.

## Die männliche Manipulation lässt verzweifelte, ausgebeutete Frauen zurück

Diese Sexsklaverei zwingt die Frau, sich von ihrer Liebe abzuschneiden. Sonst könnte sie es unmöglich ertragen, so missbraucht und zwanghaft getrieben zu werden. Um das zu kompensieren, wird sie unabhängig und demonstriert eine Härte, die abwechselnd sie selbst und diejenigen leiden lässt, die sie zu lieben versucht oder die sie lieben wollen. Du hattest dich daran gewöhnt, dich hart zu fühlen, aber in deinem Brief an mich erwähnst du, dass du dich jetzt weich fühlst. Das kommt daher, das ich dir deine Liebe widerspiegele. Und diese Weichheit ist der natürliche Zustand der Frau. Die Härte versucht, Umstände herbeizuführen, die dich weiter hart sein lassen, wie z. B. Gründe zu suchen, dich von deinem Partner oder von mir und meiner Lehre zu trennen.

Indem dein Leben mehr in Ordnung kommt und besser wird (was auch so ist, selbst wenn es sich die Härte manchmal nicht eingestehen will), wird die Sex-Energie versuchen, Probleme zu schaffen, wo keine sind. Sie wird nicht über Nacht sterben. Es ist eine Art Erstickungsprozess – nicht bei dir, sondern bei ihr. Du wirst also weniger leiden und klarer sehen, dass die Leidende nicht du bist.

Etwas von diesem exzentrischen Unabhängigkeitsstreben wirst du in deinem ersten Brief wirken sehen, wo du sagst, du hättest das Gefühl, dass »die Frau in einen Zustand zurückversetzt wird, aus dem sie sich Jahrhunderte lang zu befreien versuchte«. Das mag so sein. Tatsache aber ist, dass du nicht zurückversetzt wirst; du bist schon da. Und du steckst darin fest (allerdings bin ich bei dir, und in dem Maße wie du bei mir bist, kommst du aus dem Zustand heraus, und das weißt du). Es ist der Ort deiner alten sexuellen Versklavung, der Ort, den du jahrelang so enthusiastisch und aufputschend umarmt hast. Die lieblose Sexualität des Mannes war Schuld, zugegeben; aber du warst seine willige Komplizin bei diesem Verrat an der Liebe.

## Die lieblose Sexualität des Mannes ist Schuld

Der Unterschied jetzt besteht darin, dass du diese Vergangenheit durch dein zunehmendes Bewusstsein der Liebe siehst. Durch meine Lehre, meine Energie, meine Liebe nimmst du das alte Selbst, die alte arrogante, harte und unabhängige Frau klarer wahr, und setzt dich von ihr ab. Diese Energie ist jetzt in dich eingetreten, hat deine Liebe, die neue Frau, erweckt – sie, die in diesem Körper aus der dunklen Unwissenheit der Vergangenheit heraufdämmert.

### Erregung

Das zweite Element der sexuellen Emotion ist, wie gesagt, die Erregung. Sie steigt von Zeit zu Zeit unabhängig als Langeweile auf, ein Gefühl, ›etwas zu vermissen‹. Es ist das ›Vermissen‹ der alten gewohnheitsmäßigen Erregung, die in der Vergangenheit mit dem Sex einherging. Und wenn es keine Möglichkeit gibt, die Erregung anzuheizen, entsteht ein Gefühl von Reizbarkeit, rastloser Langeweile oder Unzufriedenheit. Und wenn die Möglichkeit zur sexuellen Aktivität oder Erregung da ist, dann entsteht eine Spannung zwischen Zügellosigkeit und Zucht. Letztere ist die Kraft der erwachenden Liebe, die Zügellosigkeit zu überwinden.

Die Frau spürt die sexuelle Emotion manchmal als intensives energetisches Vibrieren im Unterleib und häufig, wenn sie mit wahllosem Sex zu tun hatte, in der Vagina und der Klitoris. Wenn diese Energie von der erwachenden Liebe bzw. dem erwachenden Bewusstsein der Frau erkannt und vermindert wird, dann wird sie oft intensiver und ist scheinbar kaum zu ertragen. Die Frau sollte dabei bedenken, dass es sich tatsächlich um eine psychische Entität bzw. eine Besessenheit handelt, die in ihrem Unterbewusstsein wirkt, und die sich, je mehr sie durch die Stille und Tapferkeit der Frau in die Ecke getrieben wird, desto vehementer wehren wird.

## Angst, durch Sex von der Liebe getrennt zu werden

Eines ihrer Mittel, das zu Depression und Hoffnungslosigkeit führt, ist es, die Frau mit ständigen sexuellen Gedanken und verschiedenen Körperstörungen und Hautausschlägen zu attackieren. Das können Ausschläge sein wie Akne oder Blähungen oder der Ausbruch irgendeiner infektiösen Sexualkrankheit, die sie sich früher einmal zugezogen hat, quälender Schlafmangel, Gewichtsverlust, Stress bis hin zu Magersucht oder zwanghaftem Handeln. Hinter all dem kommt es zu unregelmäßigen intensiven Angstzuständen — Angst, durch Sex von ihrer Liebe tiefgreifend getrennt zu werden.

Nur durch eine spirituelle Lebensführung und durch die Stille und den Dienst an der Liebe kann die Frau schließlich den männlichen Eindringling auflösen oder vertreiben. Ihre Störungen lassen nach, und mit ihnen auch die Macht der Besessenheit. Durch diesen Prozess wird sie allmählich eine größere Einheit mit der Liebe, der Stille oder Gott verwirklichen. Die Intensität dieses Prozesses variiert von Frau zu Frau. Aber jede Frau, die die Vereinigung mit der Liebe anstrebt, muss ihn bis zu einem gewissen Grad durchlaufen – denn jede Frau hat psychisch oder physisch die männliche sexuelle Entität in sich absorbiert.

Du hast immer dann die Wahl, wenn du glaubst, du brauchst eine. Du kannst damit aufhören, dich auf mich zu beziehen und deinen davon unabhängigen Weg gehen. Dann wirst du wieder da sein, wo du warst – hoffend, dass die Liebe kommt und dich rettet. Da sie aber schon da ist, hast du dich dafür entschieden, sie zu verlassen, und so könnte es sehr lange dauern, bis sie sich wieder manifestiert.

In Wirklichkeit aber, Cheryl, hast du keine Wahl. Die Liebe in dir möchte keine. Das Selbst in dir, das sterben muss, möchte sie. Und das Selbst ist jetzt der geringere Teil.

Solange du mich liebst, dich auf mich und die Lehre konzentrierst, wird alles immer besser für dich werden. Du wirst entdecken, dass die Teile (deines Lebens) in erstaunlicher Harmonie zusammenpassen – durch die Gnade Gottes, des Allerhöchsten, nicht durch meine. Aber ich habe diese Macht durch das Privileg, ein Weltlehrer zu sein. Dazwischen kann der Kampf manchmal schwer und erschöpfend sein – nämlich der mit deinem rebellischen und unabhängigen Selbst. Aber er wird vorbeigehen, wie alles vorbeigehen, nur die Liebe nicht.

# Die Frau kann den männlichen Eindringling auflösen

## Von Fiona

*Es gibt ein Problem in meinem Leben, dessen Bearbeitung ich immer wieder vor mir hergeschoben habe, weil ich nicht weiß, was ich tun soll. Letztes Jahr hat Bruce, mein Ex-Liebhaber, Leute hinter mir her spionieren lassen, und schließlich haben sie ihm die Namen von zwei Männern genannt, die ich regelmäßig getroffen habe. Mit dieser Information versuchte er, mich in seiner cleveren manipulativen Art zu unterminieren und meinen Geisteszustand in Frage zu stellen. Glücklicherweise konnte ich mit Hilfe eines Freundes Herr der Lage bleiben und die Situation nutzen, um ihm zu zeigen, dass ich nicht die zerbrechliche kleine Frau bin, die er aus mir machen wollte.*

Ich habe meinen Verdacht, wer die Schnüffler sind, aber die Frage ist, ob ich in ein Wespennest steche, wenn ich sie zur Rede stelle. Oder soll ich lieber die Finger davon lassen?

Es ist schrecklich, Barry! Ich habe gelernt, dass ich im Zusammenleben mit dem Mann misstrauisch sein muss. Selbst jetzt beunruhigt das noch meine Liebe. Ich weiß, es hat keinen Zweck, Bruce mit all dem zu konfrontieren – das habe ich gelernt. Er dreht alle Situationen zwischen uns geschickt so herum, dass sie immer das Resultat meiner Schwäche sind, nie seiner. Du sprichst von der manipulativen Art des Mannes – ja, ich bin ihr Opfer geworden und bin es auch vorher schon gewesen, bis ich sie mit deiner Hilfe durchschaut habe.

Ich bin das so leid, und bin all diese Schmerzen in mir so leid. Mir wird wirklich jedes Mal schlecht, wenn ich meiner Liebe zuwider handle, und ich habe deshalb oft geweint. Ich strenge mich wirklich so sehr an wie noch nie, mein Leben in Ordnung zu halten bzw. zu bringen.

## Solange du Angst hast, wirst du manipuliert werden

Ich befürchte, Barry, wenn ich (wenn es das Leben so fügt) vielleicht wieder einen Mann treffe, dass dann noch immer so viel Chaos zwischen mir und meiner Liebe ist. Ich liebe den Mann von Herzen. Wie kann ich mit ihm zusammen sein, wenn ich all das mit mir herumschleppe, besonders die Situation, die ich gerade beschrieben habe? Vielleicht mache ich aus einer Mücke einen Elefanten.

P. S.: Ich sehe, dass ich darüber schreibe, was meiner Liebe immer noch im Wege steht, weil ich nicht bei meiner Liebe bin.

Meine größte Sucht ist Tagträumerei, um dem Schmerz zu entgehen, nicht bei meiner Liebe (im doppelten Sinne) zu sein. Die zweite Sucht ist Selbstverurteilung.

118

Liebe Fiona,

solange du vor irgendjemandem oder irgendeiner Situation Angst hast, wirst du manipuliert werden.

Was hast du zu verbergen, was niemand wissen soll? Angst gibt dem Anderen, dem Äußeren, Macht.

Deine Grundangst, die Realität, der du dich nicht stellen willst, ist, sexuell besessen zu sein. Es ist wahr, wie du sagst, dass du den Mann von Herzen liebst. Und dass du von dem Schmerz gequält wirst, nicht bei ihm und deiner Liebe zu sein. Deine Sucht ist nicht die Tagträumerei, um dem Schmerz zu entgehen, sondern dein Versuch, durch eine sexuelle Reise nach Jerusalem deine Liebe zu erreichen.

Deine Liebe ist Gott. Gott ist in dir. Du hast den Mann Gott vorgezogen. Jetzt musst du Gott dem Mann vorziehen. Du musst den Sex aufgeben – den physischen Liebesakt. Und du musst das freiwillig tun, indem du dich jeden Augenblick daran erinnerst, warum du es tust. Ich wiederhole, du tust es, weil du die Sexualität Gott vorgezogen hast. Dies hat eine besitzergreifende psychische Sucht nach Erregung und Schmerz angezogen. Wenn du vom Schmerz der Trennung (von der Liebe, die Gott ist) erfüllt bist, produzierst du Gedanken an sexuelle Vereinigung. Dies erzeugt eine unterbewusste Erregung, die dich dazu antreibt, es noch einmal zu versuchen. Dann weicht die Erregung dem Schmerz. Der Mann weist dich wegen des Schmerzes zurück. Und so geht der Teufelskreis weiter.

**Angst gibt dem Anderen, dem Äußeren, Macht**

Du hast Angst vor dem, was ich gesagt habe, nämlich dass du sexuell besessen bist. Die Aussicht, diese Sucht zu durchbrechen, ist für dich wie das Ende deines Lebens – und ist es vielleicht auch. Dein panischer Brief legt nahe, dass du vielleicht einen Vorgeschmack davon hast, nämlich Gott lieben zu müssen oder nichts. Es ist der Tod deines Selbst, der langsame Tod deiner Besessenheit. Sex hat immer etwas zu verbergen. Und im Endeffekt versteckt er sich vor sich selbst. Aber er kann sich nicht vor Mir verstecken, der Liebe ist. Ich sage dir also die Wahrheit: Du hast Angst davor, entdeckt zu werden, deiner eigenen Intelligenz gegenüber deine Sucht zugeben zu müssen. Du weißt es, hast dich dem aber nicht gestellt. Du projizierst diese Angst, dieses Verstecken, nach außen, um der schrecklichen Wahrheit zu entgehen, dass du dich dem stellen musst. Dann beschuldigst du andere, dich zu manipulieren und dir nachzuspionieren. In Wirklichkeit ist es deine eigene Liebe, die dir nachspioniert, die Liebe Gottes, das Nichts bzw. das Bewusstsein in dir. Du bist das, aber es ist zu subtil, zu fein und still gegenüber deinem Drang nach sexueller Erregung, die sich als Liebe zum Mann ausgibt.

**Du projizierst die Angst nach außen, um der Wahrheit zu entgehen**

Also, fang jetzt damit an. Aber denk daran, dass ich dir nicht sage, was du tun sollst. Du bittest um Hilfe, und hier hast du sie – wenn es die Wahrheit ist.

Nur du kannst es wissen.

## Von Johanna

*Ich habe große Probleme mit Schuldgefühlen und damit, Davids Vorwürfe, Hass und Ärger meiner sexuellen Vergangenheit wegen zu ertragen. Ich fühle mich irgendwie verantwortlich für das, was er durchmacht, und obwohl ich ihn liebe und es ihm zeigen will, scheine ich entweder seine Gefühle zu entschuldigen oder anzufachen. Kannst du mir bitte helfen, das zu klären?*

Liebe Johanna,

du bist schuldig, aber nicht zu verurteilen. Deine Vergangenheit gehört zu dir, der Fehler ist, dass du dich damit identifizierst. Und weil er dich liebt, identifiziert er sich auch damit. Ihr seid auf dem Weg, euch davon zu distanzieren, so dass ihr euch in der Gegenwart lieben könnt. Sei stark. Wenn du schwankst und zitterst, wird er es auch tun. Indem du sein Selbst mit deiner Ehrlichkeit fütterst, hilfst du ihm, seine Unwissenheit, seine Selbst-Sucht zu zerstören.

Du bist die Frau, Sie. In deiner Unwissenheit konntest du für deine Vergangenheit nicht verantwortlich sein. Jetzt aber kannst du für deine Gegenwart verantwortlich sein. Hab keine Schuldgefühle. Du bist jetzt ehrlich. Tritt ihm entgegen. Er konfrontiert dich mit deiner Vergangenheit. Bring ihn dazu, deiner Gegenwart ins Gesicht zu sehen. Verteidige deine Vergangenheit nicht. Gib ihm nur die Fakten. Aber lass nicht zu, dass er sich daran erregt und seine Sexualität damit füttert – was er tut, wenn er sagt, er könne es nicht ertragen. Was er nicht ertragen kann, ist sein eigenes Selbst. Aber kritisiere ihn nicht und mach ihm keine Vorwürfe. Sei die Frau, die du jetzt bist.

# Du bist schuldig, aber nicht zu verurteilen

## Von Rosamunde

*Im Moment habe ich einen riesigen Klumpen Schmerz in mir und finde es fast unmöglich, mich da durchzuarbeiten. Seit ein paar Tagen finde ich mich außer Stande, irgendetwas über die notwendige Hausarbeit und die Versorgung der Kinder hinaus zu tun. Etwas Schweres lastet auf mir. Es ist Schwerarbeit für meinen Körper aufzustehen. Ich möchte mich nur hinsetzen und nichts tun. Aber wenn ich das tue – den größten Teil des Tages – bin ich voller Schmerz und Rastlosigkeit und habe die heftigsten Turbulenzen in meinem Bauch. Ich versinke in einem Zustand von Verrücktheit, werde von Wellen von Schmerz, Emotionen und Gedanken aller Art überschwemmt. Ab und zu komme ich an die Oberfläche, um einen Atemzug zu nehmen, dann tauche ich wieder unter. Alle Energie, die ich habe, scheint dafür aufgebraucht zu werden, dieses Ding in mir in Schach zu halten.*

*Nachts habe ich die merkwürdigsten Träume von Mord und Gewalt und Schreien äußerster Verzweiflung und Schmerz. Ich sehe Gesichter* von grässlicher Hässlichkeit mit teuflischem Grinsen, während die Personen, zu denen sie gehören, jemanden mit bloßen Händen erwürgen oder mit Messern umbringen. Ich sehe Hände, die von Blut triefen, und ich sehe die Opfer, die ermordet werden oder höre ihre Schreie. Ich wandere in großen Häusern voll von Bösem und voll niederträchtig aussehender Leute durch dunkle Räume und weiß, dass jemand da ist, der uns alle umbringen wird. Ich sehe Tote und höre aus dunklen Ecken und Räumen markerschütternde Schreie.

Ich wache mit Schrecken und einer Riesenfurcht auf und habe Angst, wieder einzuschlafen. Das Leben scheint sinnlos und freudlos und voller Elend zu sein. Ich sehe Schmerz und Unglück um mich herum. Und vor meinem inneren Auge sehe ich eine schwarze Wolke über mir und über der Welt um mich herum – die Wolke der Negativität, die mich anscheinend eingeschlossen hat.

Es überraschte mich, als ich von deinem letzten Seminar zurückkam, dass ich all diesen Schmerz in mir aufsteigen fühlte. Ich fühlte mich in deiner Gegenwart so gut und leicht und so voller Liebe wie nie zuvor in deiner Anwesenheit. Ich wurde kaum von irgendetwas gestört und war von deiner Präsenz und deinen Worten ganz beschwingt. Mir schien, ich würde dich mit jeder Faser meines Seins in mich aufsaugen. Bei meiner Rückkehr fiel ich scheinbar in einen Abgrund.

Seitdem erlebe ich die schlimmsten Selbstzweifel. Ich zweifle sogar daran, ob die Liebe, die ich in der Vergangenheit gefühlt habe, überhaupt Wirklichkeit war, ob ich wirklich geliebt oder es nur geglaubt, mir nur eingebildet habe. Ich weiß im Moment überhaupt nicht, was wirklich ist. Wie konnte es passieren, dass es wieder soweit mit mir gekommen ist. Ich trage in mir einen teuflischen Kampf aus, ohne eigentlich irgendetwas zu verstehen.

Noch etwas – ich fühle die ganze Zeit ein Ziehen in meinem Körper, als ob ich mit einem Gummiband mit dir verbunden wäre. Es zieht manchmal physisch – so scheint es – mit solcher Stärke an mir, dass ich quasi meinen Körper festhalten und stehen bleiben muss, als ob er zur Tür hinaus und entlang dem Band durch die Luft zu dir laufen würde. Ich weiß, es ist ziemlich unsinnig, aber so ist es im Moment mit mir. Der

Zug, den ich spüre, ist sehr schmerzhaft. Bilde ich mir das ein? Ich versuche Folgendes dagegen zu tun: Ich setze mich immer wieder hin, versuche, in Mich zu gehen und mich vom Denken abzukoppeln (merke aber, dass ich es nicht kann). Ich höre mir auch immer wieder deine Kassetten an. Eine entfernte Stimme sagt mir dauernd, es ist okay, es ist nur etwas, was ich durchstehen muss, ich soll dabei so still wie möglich sein. Es muss richtig sein, vertraue, du tust dein Bestes.

Was ich ebenfalls gesehen habe – das lieblose Monster, das ich war, dieses launische, verärgerte, sexuelle, eifersüchtige, Vorwürfe machende Wesen: schlimm. Und wie das Selbst versucht, meine wahre Liebe zu zerstören, wenn sie aufsteigt, indem es mir einzureden versucht: »Ich bin jetzt ›etwas‹, etwas Besseres; ich bin jetzt wirklich toll, so bewusst etc.«

Es ist, als könnte ich nicht ohne mein Selbst auskommen, das sich einmischt und mir ein ›gutes‹ oder ›schlechtes‹ Gefühl zu irgendetwas gibt. Dennoch ist alles, was ich wirklich möchte, zu sein. Immer wieder mache ich die Erfahrung, wie wirklich schmerzhaft es ist zu versuchen, etwas zu sein. Ich verliere jedes Mal meine Liebe, wenn ich das tue, aber ich kann – noch – nicht verhindern, dass es passiert. Mein Selbst versucht sogar, meine Liebe zu benutzen, um sich aufzublähen. (»Du siehst jetzt wirklich gut aus« etc.) Natürlich ist das nicht wirklich überraschend, wenn ich sehe, wie ich mein ganzes Leben lang dieses Selbst in völliger Ahnungslosigkeit dessen gefüttert habe, was ich tat. Okay, es geschieht mir also ganz recht, dass ich mich wieder davon befreien muss, oder?

Mein Körper tut weh. Komischerweise (d. h. für mich komisch) fühlte sich mein Körper beim Seminar sehr gut, obwohl er zwei Tage und dann auch noch auf der Reise hin und zurück sitzen musste – keine Schmerzen oder Steifheit. Ich fühlte mich locker und bequem und biegsam. Ich dachte immer, dass man Schmerzen hat und steif wird, wenn man viel sitzt. Eine weitere falsche Vorstellung von mir.

Eine Frage taucht auf. Nachdem ich dir von dem Drang (oder wie immer man es nennen mag) erzählt habe, den ich oft habe, mich dir hinzugeben und mit dir zu verschmelzen, fragte ich mich, was es eigentlich bedeutet, mich hinzugeben. Wie macht man das? Ist es nicht komisch, dass ich eine Aussage mache, wie: »Ich möchte mich hingeben«; und wenn es so weit kommt, weiß ich nicht, was es bedeuten soll. Es versetzte mir einen ziemlichen Schock, als du sagtest: »Könntest du es tun?«; weil ich nicht wusste, was ich tun sollte und wie – und doch schien mir, da war etwas, wenn ich es nur wüsste.

Da ist immer noch etwas zwischen mir und dir – eine Furcht, geringer vielleicht, aber immer noch vorhanden. Ein Gefühl, unwürdig zu sein, ein Gefühl der Scham dem gegenüber, was ich bin, wo ich bin. Es ist schwierig für mich zu sagen: »Ich liebe dich.« Heißt das, meine Liebe ist nicht echt? Gibt es eine andere Liebe, die ich noch nicht kenne? Vielleicht ist meine Liebe immer noch selbstsüchtig, warum habe ich sonst diese Gefühle? Dennoch fühle ich über den Abgrund hinweg, den mein Selbst geschaffen hat, eine enorme Sehnsucht nach Vereinigung mit dir – das ist es doch, was ich suche, oder? – und ich bin es doch, die diese Schranke errichtet, kein Zweifel. Du bist da, du bist Liebe, bereit, dich zu vereinigen, bereit zur Vereinigung. Ist das wahr, was ich da sehe? Und ich bin hier und versuche irgendwie, zu dir zu gelangen. Und es ist eine innere Sache. Ich könnte direkt neben dir sitzen und wäre immer noch getrennt.

Ein anderer Tag...

Ich habe so große Schmerzen. Es geht immer so weiter. Ist es ein Teil meiner Reinigung oder ist es einfach das Fortdauern der Unwissenheit oder falschen Lebens? Paul ist mit meiner Tochter Emma rausgegangen. Mir geht es sogar noch schlechter, wenn sie da ist, ich kann nicht die fröhliche Mutter sein, die ich sein möchte. Ich habe ihr gesagt, dass ich Schmerzen habe und dass es etwas mit der Vergangenheit zu tun hat und dass die Besuche bei dir immer etwas in mir aufwühlen und dass ich mich da durcharbeiten und mein Bestes tun muss, sie nicht damit zu belasten. Ich belaste sie aber von Zeit zu Zeit damit – bin schärfer, strenger, weniger spielerisch, ungeduldig.

Immer wieder kommt Panik in meinem Körper hoch. Ich atme in ihn hinein – jetzt. Ich kann die Schmerzen nicht beenden. Auch deshalb fühle ich mich schlecht. Seit Tagen bin ich jetzt schon so, es fühlt sich wie eine Art Versagen an. Ist es das? Ich müsste stärker sein. Ich sollte fähiger sein, mich durch das Selbst durchzuarbeiten, um die Liebe in mir zu erreichen. Aber ich bin es nicht, es scheint, ich kann es nicht. Barry, muss ich durch all dies hindurch, um mich zu befreien, oder sind es wieder nur die perversen Ausschweifungen des Selbst, die die alte Auf-und-Ab-Existenz weiterführen, ohne irgendwo hinzukommen?

Was ist das Beste, was ich tun kann, wenn ich mich so fühle – aufstehen und »mich da rausholen« oder sitzen und nichts tun?

Abend...

Ich habe immer wieder den Wunsch, einfach zu ›kollabieren‹, aufzugeben. Es bedeutet eine enorme Anstrengung, irgendetwas zu tun, und doch leiste ich diese Anstrengung immer wieder. Heute habe ich das oft hinterfragt. Vorher schien mir, dass ich das tun musste, dass es falsch war, mich in den Schmerz hineinfallen zu lassen; dass ich mich immer wieder zurückholen muss, um irgendwie in der Realität – weiterzuleben und den Schmerz unter Kontrolle zu halten – zu funktionieren. Aber ich konnte es tatsächlich so einrichten, dass ich den ganzen Tag im Bett zubrachte, wenn ich es wollte. Heute habe ich mich einige Male gefragt -- warum mache ich Dinge weiter, obwohl es so schwer ist, sie zu tun? Nicht, dass ich viel täte, aber selbst einfache Dinge verlangen enormen Kraftaufwand. Was kannst du sagen – ist es okay, sich einfach in diesen Zustand des Schmerzes und der Müdigkeit hineinfallen zu lassen? Ich wünsche mir das immer wieder, fast wie ich mir wünsche, mich in meinen Sessel fallen zu lassen. Oder ist das Masochismus und Perversion? Welcher Teil ist das Selbst – der, der die Müdigkeit und den Schmerz überwindet und weiterkämpft, oder der, der zusammenbrechen will? Ich finde diesen Kampf sehr ermüdend. Ich möchte, dass mich der Schmerz ertränkt, und möchte keinen Widerstand mehr leisten. Ich bin todmüde, nicht physisch, es ist eine andere Art von Müdigkeit.

Ich werde wieder so gereizt und ungeduldig und oft ziemlich wütend und kann es nicht kontrollieren. Erstaunlich; all die Techniken, die vorher funktioniert haben, funktionieren nicht mehr. Ich nörgle an Emma und Paul herum, und in meinem Kopf ist viel negatives Denken. Ich sehe mir zu, wenn ich tue, was ich tue, aber nicht in der Lage bin, es zu ändern. Große Schmerzen gehen damit einher. Ich entschuldige mich oft bei Emma und erkläre so gut ich kann, dass es ein alter Schmerz ist, der hochkommt. Ich sage Dinge, die früher meine Mutter gesagt hat, ziemlich genauso wie sie. Und ich fühle mich schrecklich und fühle dann den Schmerz, von dem ich glaube, dass Emma ihn deshalb fühlt. Natürlich muss es irgendwie mein Schmerz sein. Wegen kleiner Dinge explodiere ich. Oje, ich wiederhole mich.

Paul sagt, ich bin nicht so schlecht, wie ich glaube, und er sieht eigentlich nicht, dass ich ihm viele Vorwürfe mache, auch wenn er meinen Schmerz und Kampf mitbekommt. Er macht sich gut. Ich sehe eine große Veränderung bei ihm. Seine Augen sind klarer und er ist stiller, wie er mich ansieht, und mehr noch in seinem Körper. Er ist irgendwie klarer und geradliniger, wie er spricht. Es ist, als hätte er mehr Tiefe, mehr Präsenz. Ich bin froh, das zu sehen. Und er ist sehr freundlich, warm, unterstützend. Das war er auch vorher, aber jetzt scheint es von einem tieferen Ort zu kommen.

Ich schlafe noch nicht mit ihm, ich möchte, dass er zuerst die Sexualität in sich meistert. Nachdem ich beim Seminar mit dir geredet hatte, fühlte ich keine Schmerzen mehr deswegen und fuhr leichten Herzens nach Hause, und fühlte mich gut. Irgendwie habe ich mich innerlich von Paul getrennt, d. h. ich hörte auf zu versuchen, ihn zu ändern, gab meine Erwartungen auf und beendete den Schmerz und den Aufwand, der damit einherging.

Ich beschloss, dass es jetzt an ihm war, es zu tun oder nicht zu tun, und an mir, zu bleiben oder nicht zu bleiben. Ich hatte eine deutliche Aussprache mit ihm darüber, und ich war bereit zu bleiben und an anderen Dingen zu arbeiten und zu schauen, was daraus würde, Tag für Tag. Ich hörte auf, ihn ängstlich zu beobachten und immer wieder zu fragen, wie er vorankam etc. Ich führte mein eigenes Leben und tat mein Bestes und ließ ihn sein eigenes Leben führen, aber wir verbrachten immer noch unsere ganze Zeit zusammen und sprachen über das, was ablief. Es war eine innere Sache – und das ist es noch.

Ich hatte das Gefühl, ich sei offen für den Mann und die Liebe und es *wäre egal, ob es Paul oder ein anderer Körper war: Das Leben würde es bringen, wenn es richtig war. Es schien mir auch richtig, Paul in seinem Versuch zu unterstützen, den Sex zu überwinden – wenn es das war, was er wirklich wollte – wenn er mich darum bat (d. h. ohne dass ich ihm etwas aufdrängte).*

*Immerhin habe ich in der Vergangenheit in meinem Schmerz und Mangel an Liebe und Verständnis Jahre damit zugebracht, Männer zu erregen. Es scheint mir nur fair, dass das Leben mich jetzt mit einem sexuellen Mann konfrontiert und dass ich etwas dafür tue, um den Sex aus ihm herauszukriegen, da ich ihn ja auch in ihn hineingetragen habe bzw. diese Seite in ihm gefördert habe. Ja, er sieht gut aus. Irgendwie erwachsener, heiterer. Und wir leben wirklich so, wie du es lehrst – wir lassen gegenseitig keine Untertöne, Ausdrücke, Launen etc. zu oder hegen irgendeinen Groll. Wir bringen immer alles ans Tageslicht. Nehmen uns Zeit für einander. Hören zu.*

Liebe Rosamunde,
ja, du hast Recht, der Schmerz, die Scham, das »lieblose Monster« ist deine sexuelle Vergangenheit – ihre Erregung/Emotion – die versucht, sich zu reinkarnieren. Sie versucht, deinen Körper zu übernehmen, ihn zu besitzen, wie in den alten Tagen. Du, die Frau, bist weitergegangen. Aber die Vergangenheit nicht, sie kann das nicht. Es kommt also aus deinem Unterbewusstsein hoch, wo es in jedem Körper existiert, und versucht, die Oberhand zu erlangen. Du gibst ihr nicht, was sie will. Du hast dich gereinigt, indem du in den letzten zwei, drei Jahren ein spirituelles Leben gelebt hast, so gut du konntest. Sie wird dir Probleme machen, wie du es beschreibst. Aber sie kann nicht gewinnen. Sie ist zum Untergang verurteilt.

Allerdings, je reiner du wirst, desto verbissener kämpft sie. Sie ist es, die verzweifelt, am Verzweifeln ist, nicht du. Aber du kannst einfach nicht anders, als dich mit ihr zu identifizieren, wenn sie da ist,

## Das lieblose Monster ist deine sexuelle Vergangenheit

denn sie ist immerhin dein Selbst. Und die Gerechtigkeit des Lebens ist, dass ich mich meinem Selbst stellen muss, der Unwissenheit, die ich war, um so zu verhindern, dass sie sich reinkarniert und das Leben eines anderen zur Hölle macht – gewöhnlich das meines Partners oder eines mir besonders vertrauten Menschens.

## Sex ist die stärkste Macht der Welt

Wir teilen gerne unsere Unwissenheit und Selbstsucht mit anderen, aber geben nicht so gerne unsere Liebe.

Dein Brief ist eine gute Darlegung dessen, was die Frau (und auf seine Weise der Mann) durchmachen muss, um das Selbst, die Vergangenheit, mit der Gegenwart bzw. Präsenz von Wahrheit und Liebe in Einklang zu bringen, die für jeden Körper natürlich ist, sei er männlich oder weiblich.

Sex ist die stärkste Macht der Welt. Und die Probleme jedes Mannes und jeder Frau können darauf zurückgeführt werden. Wenn man dem Sex (dem Selbst) richtig ins Auge schaut, so wie du es tust, verliert er schließlich seine Kraft – und kehrt zur Macht der Liebe zurück.

## Von Pia

*Mir scheint, ich habe endlich einen Punkt erreicht, wo ich dir schreiben kann, was in mir und außerhalb von mir vorgeht.*

*Ich habe dir schon ungefähr zehn Briefe geschrieben, die ich aber nicht abgeschickt habe, weil ich immer das Gefühl hatte, sie seien irgendwie nicht echt, nicht wahrhaftig. Ich kann das jetzt klarer sehen, denn ich habe beschrieben, was in letzter Zeit in meinem Leben passiert ist – und immer vom Äußeren her. Jetzt kann ich plötzlich sehen, wie viel Angst ich vor dem habe, was in mir ist, vor all dem Leid.*

*Die ganze Zeit hatte ich einen Mann um mich, nur um das Gefühl zu haben, ich sei nicht zu kurz gekommen oder einsam. Wir schliefen nicht mehr miteinander. Jetzt weiß ich auch, dass es mir die Tatsache, dass er mich sexuell begehrte, erlaubt hat, der Wahrheit über mich und* den Sex usw. nicht ins Auge zu sehen. Jetzt habe ich ihm gesagt, dass ich ihn einige Zeit nicht treffen will, und es ist so, als wären Vorhänge vor meinen Augen zur Seite gezogen worden! Ich hatte Angst zu sehen, wie sehr ich das männliche Denken in mir habe; wie sehr ich immer versucht habe, ihnen sexuell zu gefallen – nicht indem ich mit ihnen ins Bett ging, sondern durch Kleidung, die »sexy« war, oder indem ich fast mit jedem Mann flirtete. Das war immer sehr subtil, deshalb konnte ich es vorher nicht sehen, jedenfalls nicht so klar.

Außerdem habe ich seit meiner Teenager-Zeit ziemlich viel masturbiert; denn ich dachte irgendwie, das wäre besser, als mich mit Männern abzugeben. Ich weiß, es kommt auch von meinen Eltern – sie mochten sich überhaupt nicht, berührten sich oder küssten sich nie. Sie schliefen sogar seit meiner Geburt in getrennten Betten. So war die Liebe für mich etwas Deplaziertes. Die Art Männer, die ich hatte, waren infolge dessen gewöhnlich sehr kühl und immer süchtig auf etwas, sei es Alkohol, Drogen, Sex oder hinter anderen Frauen her zu sein. Und gewöhnlich alles zusammen.

Ich glaube, in der Hinsicht bin ich ganz gut weitergekommen. Letzten Winter traf ich einen Mann, erzählte ihm aber von dir und sagte, ich würde nicht mit ihm ins Bett gehen, bevor er nicht sein Leben in Ordnung gebracht hätte und deine Kassetten hören würde etc. Er bekam Angst vor mir und sagte schließlich – nachdem wir drei Monate oft zusammen waren (Spaziergänge machten, redeten und uns manchmal küssten) – dass er das nicht könne, er sei noch nicht bereit dazu. Also sagte ich zu ihm, dass ich ihn nicht mehr treffen wollte. Und wir haben uns seit diesem Tag nicht mehr gesehen.

Ich habe mich noch nie so gefühlt, und ich weiß, ich habe mit ihm die Liebe gefunden, auch wenn er zu der Zeit nicht dem gemäß leben konnte.

Jetzt habe ich keine Männer um mich, die mir sagen, ich sei hübsch oder sexy. Es fühlt sich gut an, und manchmal kann ich all diese Sexualität in mir aufsteigen fühlen. Ich versuche still zu sein und mich auf dieses Gefühl zu konzentrieren, aber – wie du in »Nur die Angst stirbt« schreibst – es ist sehr stark und will wirklich nicht, dass ich es sehe.

Ich habe immer öfter sexuelle Träume, aber wenn ich wach bin, habe ich keinen Drang nach Sex oder dem Sexualakt. Ich fühle mich nicht einsam oder unglücklich in mir! Es war ziemlich leicht, diesen beiden Männern zu sagen, dass ich mich nicht mit ihnen treffen wollte, weil ich die Emotionen aus der Situation heraushalten konnte, selbst wenn sie versuchten, mich emotional zu machen.

Jetzt merke ich einfach, dass ich eine Riesenarbeit mit dieser Sexualität in mir habe, denn ich sehe, dass ich immer noch irgendwie mit Männern flirte. Ich habe keinen Weg gefunden, diese alte Gewohnheit abzulegen. Über Männer bin ich jetzt ziemlich verwirrt. Vor allem über solche, die bei dir waren und »mein Selbst«, die Sexualität, sehen können. Auf jeden Fall versuche ich, nicht wie früher zu handeln.

Ich kann wirklich verstehen, dass ich immer stiller werden und das Gefühl, das in mir aufsteigt, im Blick behalten muss. Das ist der Weg.

Ich glaube, ich bin da einfach etwas zu ungeduldig. Ich fühle mich so unwissend – nein, das ist mein Selbst – ja. Ich kann es wirklich so gut sehen. Die anderen Frauen, die ich kenne, die dich hören und lesen und in deinen Seminaren waren, scheinen diese Art ›Probleme‹ überhaupt nicht zu haben. Sie scheinen in sich so stark zu sein. Sie haben alle einen Mann, mit dem sie leben und mit dem sie alles zusammen durchmachen.

**Die Frau muss stark sein in ihrem Vorsatz, Liebe zu sein, um den Mann zu veranlassen, sich ihr in Ehrlichkeit und Wahrheit zu stellen**

Ich möchte dir auch sagen, dass das äußere Leben sehr schön und friedlich geworden ist. Ich habe ein kleines Haus außerhalb der Stadt gefunden, auf dem Land, mit vielen Wäldern und Tieren um mich herum.

Außerdem habe ich aufgehört, Musik oder Radio zu hören. Hier kann ich den Vögeln und dem Wind in den Bäumen zuhören, oder deinen Kassetten. Fernsehen hatte ich vorher nie, und Zeitungen habe ich nie gemocht – aber lese sie manchmal trotzdem. Jetzt habe ich schon seit vielen Monaten keine Nachrichten mehr gelesen!

*Mein Leben hat sich also verändert, von einem sehr ›normalen‹ Stadtleben mit vielen Freunden und Veranstaltungen hin zu einem friedvollen und harmonischen Leben.*

*Ich muss dir wirklich danken, Barry, dass du mein Leben in Ordnung gebracht, es froh und erdverbunden gemacht hast!*

*Ich liebe es, deine Kassetten zu hören und deine Bücher zu lesen, obwohl mein Verstand die ganze Zeit versucht, mich davon abzuhalten.*

*Vielen, vielen Dank, Barry.*

Liebe Pia,

auch wenn du »keine Männer um dich hast, die dir sagen, dass du hübsch oder sexy bist«, möchte ich zum Ausdruck bringen, dass dieser Mann dir sagt, nachdem er deinen schönen Brief gelesen hat, dass du eine wunderschöne Frau bist, d. h. du liebst die Wahrheit, die Schönheit und das Prinzip, und du strebst danach, nach diesen inneren Prinzipien zu leben. Und ich würde sagen, du lebst sie mit beachtlichem Erfolg. Die Dinge, d. h. die Emotionen und Umstände, ändern sich laufend. Aber ich spüre in dir einen tieferen und wirklicheren Bewusstseinsstrom, mit dem du dich verbunden hast. Dieser Strom ist deine Wahrheitsliebe, was ich auch deine Liebe zu Gott, dem Allerhöchsten, dem Unbekannten, dem Prinzip nennen würde.

Lass dich nicht von deinen Gefühlen verführen. Bleib weiter bei dem, was du für richtig erkannt hast. Möge es dir wohl ergehen.

**Dieser Mann sagt dir, nachdem er deinen schönen Brief gelesen hat, dass du eine wunderschöne Frau bist**

131

# Von Urma

*Zuerst möchte ich dir danken, dass du bei uns bist. Ich höre mit Vergnügen deine Kassetten, lese deine Bücher und bin bei dir. Aber es gibt immer noch eine Frage, die öfter hoch kommt, weil mein Freund mit anderen Frauen ins Bett geht. Und während ich versuche, meine Emotionen zu beobachten, gewinne ich den Eindruck, dass er seine stimuliert, indem er ausgeht und Sex hat. (Er sagt, er wolle sein sexuelles Verhalten beenden.)*

Liebe Urma,

es ist dein Leben, nicht das von irgendjemand anderem. Also, was willst du – oder noch besser, was willst du nicht in deinem Leben? Willst du, dass dein Mann mit anderen Frauen ins Bett geht? Wenn nicht, verlass ihn. Sonst wirst du unglücklich, die anderen Frauen werden unglücklich und er wird weiterhin rastlos und unglücklich sein.

**Es ist dein Leben, nicht das von irgendjemand anderem**

Warum beobachtest du deine Emotionen, während er das tut? Wer hat dir gesagt, dass du das tun sollst – er? Wenn ja, ist er ein Sannyasin? Ich sage dir jetzt, was für ein Gefühl du in dieser Situation hast und haben wirst – tiefe Verstörung.

Der Grund ist der, dass du in dem, was er tut, keinen Sinn sehen kannst. Er dient nur seinem Selbst. Wenn seine Handlung ein Ziel hätte, würde die andere Frau immer freier davon werden, unglücklich zu sein, und du würdest immer weniger emotional (unglücklich) werden, weil du in deinem Innersten wüsstest, dass er ein Mann der Liebe ist, einer, der mehr Liebe in die Welt bringt. Und er würde als Teil des Zieles seiner Liebe und seines Liebens frei vom Unglücklichsein werden.

# Von Susanne

*Wie wunderbar es ist, dass du auf der Erde bist und von der Liebe und lebendigen Wahrheit sprichst, die du bist. Ich ehre die Weisheit, die aus dir spricht, die Veränderungen, die sie in meinem Leben in Gang setzt und deinen großartigen Dienst.*

*In den letzten Monaten stiegen einige Fragen in mir auf. Ich habe versucht, meine eigenen Lösungen zu finden, habe das aber noch nicht ganz geschafft.*

*Vor etwa sieben Monaten hatte ich die Gelegenheit, wirklich meine Eifersucht und meine Abhängigkeit anzuschauen.*

**Zweifellos ist Sex ein natürlicher Teil des Lebens**

*Mein Partner entschloss sich, einer Anziehung nachzugeben, die er für eine andere Frau empfand, mit ihr Zeit zu verbringen und nach ein paar Monaten mit ihr zu schlafen. Er sagte, er hätte keine Erregung während der Vereinigung. Alles geschah mit meinem vollen Wissen. Ich ›wollte‹ nicht, dass er mit ihr schlief, hatte aber eine Ahnung, dass ich in der Lage sein ›sollte‹, meine Abhängigkeit loszulassen, dass ich fähig sein sollte zu ertragen, dass er eine andere liebte und von ihr geliebt wurde, und dass mir das helfen sollte, meine Eifersucht zu überwinden. Was ich tatsächlich erlebte, waren langgezogene Zyklen zwischen Empfindungslosigkeit und völliger Verleugnung meiner Gefühle bis hin zu dem Gefühl, dass mein Herz buchstäblich in zwei Teile brach, bzw. schließlich einer maßlosen Wut und Ungläubigkeit – »das kann nicht wahr sein« – und einem Hass, wie ich ihn früher nie gewagt hätte zuzulassen.*

*Am Anfang war es einfacher, denn es schien als »liebte er mich genug«, aber unsere Beziehung verschlechterte sich, und ich wurde emotionaler und er distanzierter und unfreundlicher. Ich lebte mit den Worten in meinem Kopf: »Entweder sie geht oder ich«; aber ich sprach sie nicht aus. Ich war abhängig und wollte ihn nicht verlieren, und ich versuchte, mit meiner Eifersucht umzugehen.*

*Nachdem ich von dieser Sache lange heimgesucht worden war, entwickelte ich schließlich eine sehr klare Haltung, insofern es mir wirk-*

lich egal war, wohin die Sache steuerte, aber dass ich eine monogame, verbindliche Beziehung wollte. Er sah ein, was er getan hatte, und beschloss, sich völlig auf eine monogame Beziehung einzulassen. Seitdem ist er vollkommen treu gewesen.

Für mich ist es immer noch schwer, wenn er irgendwie Kontakt zu ihr hat (sie lebt in unserer Gemeinde). Ich bemerke auch, dass immer wieder Situationen entstehen, die alte Gefühle in mir aktivieren (zum Beispiel mit den Kindern allein zu Abend zu essen).

Ich bin nicht sicher, wo die Trennungslinie zwischen einem Hineinsteigern ins Leid und Entsagung liegt. Das Thema ist definitiv nicht erledigt für mich, und ich weiß nicht, was ich jetzt damit anfangen soll. Ich finde es schwierig, wenn mein Partner mit anderen Frauen vertraut wird, und er findet es auch schwierig, wenn ich mit anderen Männern vertraut werde. Ich halte mich oft von Männern völlig fern und kann mich von anderen Frauen bedroht fühlen.

Wie zähme ich das große grünäugige Monster?

Wenn ich daran >denke<, dass sie zusammen sind, wird mir maßlos übel, so als ob mir gerade jemand von einem sehr, sehr schockierenden Ereignis berichtet hätte.

Ich habe nie deutlich gesehen, wie emotional ich bin.

Mein zweites Problem betrifft Sex und den Liebesakt. Ich versuche seit einigen Jahren, deiner Lehre zu folgen, und ich schwanke zwischen der >Disziplin< im Liebesaktes, die in mir ein großartiges Gefühl von Richtigkeit erzeugt, wie auch eine Entlastung von der Vulgarität des Sex, und dem Gefühl, dass ich meine Natur verleugne, die auch leidenschaftlich, wild und sexuell ist. Mein Partner glaubt, dass Sex ein natürlicher Teil des Lebens ist. Er sieht nichts Schlechtes darin, dann und wann den »Playboy« anzuschauen oder zu onanieren und seine sexuelle Seite nicht zu »verleugnen«. Ich merke, dass mich der Sex in der Welt beunruhigt. Ich verstecke mich vor der Wahrheit des Mannes und meiner Wahrheit.

# Gelegentlich den »Playboy« anzuschauen und zu onanieren, ist kein natürlicher Teil des Lebens

*Irgendwie muss ich darin meine eigene Wahrheit finden. Ich habe in der Vergangenheit auch deine Lehre benutzt, um mich darin zu verbergen, um mich nicht mit den Dingen, wie sie sind, zu befassen; um ach so rein zu sein und bloß nicht meine eigene Schönheit und Hässlichkeit anzuschauen. Ich weiß nicht, in welcher Richtung ich damit gehen soll. Ich schwanke so sehr zwischen diesen beiden Positionen.*

*Das letzte Thema hängt mit meiner jüngsten Schwangerschaft zusammen. Ich habe den Wunsch, mich über die Mutterschaft hinaus zu betätigen, der Gemeinde auf andere Weise zu dienen und deine Seminare zu besuchen. Ich fühle wieder die Freude und das Entzücken über meine Schwangerschaft und gleichzeitig die Frustration darüber, alles andere aufzugeben. Es scheint, als organisierte ich mein Leben nach dem Motto »ziehen und schieben«.*

*Ich wäre über jedwede Kommentare zu diesen Gegebenheiten sehr dankbar.*

*Danke für alles, was du bist, Barry, und die Liebe, die deine Gegenwart in mein Leben gebracht hat und weiterhin bringt.*


Liebe Susanne,

du hast versucht, meine Lehre zu leben, soweit sie für dich deiner Erfahrung nach richtig war, das weiß ich. Du schreibst mir wegen einiger Probleme bzw. Fragen, und so muss ich dich jetzt an ein Grundprinzip meiner Lehre erinnern, das weder du noch dein Partner beachtet. Er übersieht es bequemerweise und rechtfertigt seine eigene Lehre, was dann zu den Problemen führt, die dich belasten. Und du festigst dein Unglücklichsein, indem du meine Lehre übersiehst und ihm erlaubst, damit durchzukommen.

Zweifellos ist Sex, die Liebe als Interaktion zwischen zwei Körpern, ein natürlicher Teil des Lebens, wie dein Partner sagt. Aber gelegentlich den »Playboy« anzuschauen und zu onanieren, ist kein natürlicher Teil des Lebens, noch ist es Teil der sexuellen Seite der Liebe.

Das ist vom Menschen – oder vom Verstand – gemachter selbstsüchtiger Sex, und diese Verleugnung der Liebe wird die Frau immer emotional machen, weil sie unterbewusst weiß — wie du sicherlich auch – dass es eine Korrumpierung ist.

Der offensichtliche Beweis dafür ist der, dass das Betrachten des »Playboy« die Phantasie erregt, in der es nur einen Körper gibt, den des Betrachters; und beim Onanieren gibt es ebenso nur einen Körper und ein Phantombild eines anderen. Der Mann vernebelt die Sache (was viele Männer wiederholen werden), indem er sagt, er sähe nichts Falsches darin, seine sexuelle Natur auf diese Weise »nicht zu verleugnen«. Was er tun muss, ist, sein sexuelles Selbst zu verleugnen, und nicht seine Handlungen zu bemänteln, indem er sein sexuelles Selbst als seine sexuelle Natur bezeichnet.

Seine und deine Unehrlichkeit, die darin liegt, dass du dich ihr nicht stellst und etwas dagegen tust, selbst wenn er dich verlässt, steckt hinter deiner Eifersucht. Wie kannst du einen Mann wahrhaft lieben, der Phantome dir vorzieht? Alle Eifersucht entsteht aus der Enttäuschung, wenn man versucht, jemanden zu lieben, der einen nicht genug liebt. Eifersucht ist der Versuch des Verstandes und der Emotionen, den Bruch in dem, was der Ring der Liebe sein sollte, zu kitten. Und natürlich bindet dich die Angst vor der Konfrontation mit der Unehrlichkeit bezüglich der Tatsache, dass er dich nicht genug liebt, an einen zerbrochenen Ring. Wenn ich, Mann, eine Frau wirklich liebe, kann diese Frau nicht auf eine andere, die ich liebe, eifersüchtig sein. Das ist unmöglich.

Es ist auch möglich, dass deine häufigen Schwangerschaften etwas kompensieren, nämlich deine Unfähigkeit, den Ring der Liebe zwischen dir und den Männern, die du liebst, sichtbar zu machen. Unbewusst glaubst du, ein Baby würde die Lücke füllen. Aber das tut es nicht und wird es niemals tun. Dessen ungeachtet weiß ich, es ist gut, dass du schwanger bist. Und ich möchte, dass du daran keinerlei Zweifel hast. Du bist eine gute Frau, und ich weiß, du wirst für das Kind dein Bestes tun, wie du

# Wenn ich, Mann, eine Frau wirklich liebe, kann sie nicht auf eine andere, die ich liebe, eifersüchtig sein

es immer versucht hast. Es ist nur an der Zeit, dass du der Wahrheit der Frau, die du bist, ins Gesicht siehst und aufhörst, mit selbstsüchtigen Ansichten des Mannes von der Liebe Kompromisse zu schließen. Eine Frau, die bei Sinnen ist, erkennt sie sofort als Ausdruck von Selbstsucht. Nicht die Eifersucht musst du besiegen, sondern deine Angst, ihn zu verlieren.

## Von Gudrun

*Wie ich dir schon früher gesagt habe, hat es in meinen Lebensumständen große Veränderungen gegeben, seit ich ernsthaft versuche, gemäß der Wahrheit, die ich in deiner Lehre höre, spirituell zu leben. Ich bin immer noch erstaunt, wie einfach die Lösungen sind, wenn ich wirklich der Situation treu bin. Es gibt im Moment bei mir allerdings einen Bereich, der mich verunsichert. Deshalb möchte ich mich nun doch an dich wenden, da ich nicht sicher bin, ob ich die Sache richtig sehe. Gehe ich recht in der Annahme, dass es für eine Frau das Schwerste ist, sich dem Impuls zu entziehen, ihre Liebe zu personalisieren? Das ist jedenfalls meine Erfahrung.*

*Ich bin bei meinem Liebhaber so gegenwärtig wie möglich, so weit ich das sehen kann. Ich stelle mich ihm so aufrichtig, wie ich kann. Wir sprechen von Liebe und Wahrheit und selten von der Vergangenheit. Ich übernehme die Verantwortung dafür, mich von Launen und Emotionen zu befreien, wobei sich nur noch Eifersucht und Selbstkritik mit gewisser Kraft behaupten (und selbst diese verringern sich, Gott sei Dank, erheblich). Trotzdem schleichen sich noch persönliche Abhängigkeiten ein. Ich bin ratlos, wie ich das unterbinden soll. Ich habe das Gefühl, dass immer wieder Abhängigkeiten auftreten werden, aber dass ich fähig sein werde, wie es sich aus meiner Erfahrung andeutet, mein Selbst genug zu*

**Nicht die Eifersucht musst du besiegen, sondern deine Angst, ihn zu verlieren**

**137**

reduzieren, so dass ich auch dann Liebe bzw. Nichts fühlen kann, wenn mein Herz gerade gebrochen wird.

Vor einigen Monaten entstanden wie aus heiterem Himmel eine Reihe von Situationen, die es tatsächlich schafften, mir das Herz zu brechen. Die erste war, dass mir mein Liebhaber eröffnete, er könne seine Liebe nicht mehr spüren und müsse mich verlassen. Die andere war, dass er sein Verlangen nach anderen Frauen zum Ausdruck brachte, etwas, dem gegenüber ich mich – im Nachhinein für mich erstaunlich – blind gestellt und woran ich nicht einmal im Traum gedacht hatte. In beiden Fällen war ich am Boden zerstört, konnte aber jedes Mal genug Gegenwärtigkeit aufbringen, um ohne Bitterkeit oder Ärger zu sagen, er müsse mich verlassen, wenn das die Wahrheit sei. Tief in mir wusste ich, dass mein Leid Resultat der Abhängigkeit war, der ich erlaubt hatte, sich einzuschleichen. Ohne deine Lehre hätte ich dieser Situation nicht mit solcher Klarheit entgegentreten können. Wie die Dinge lagen, war Mike aber fähig, etwas von seinem Selbst aufzugeben und sich mir und der Situation zu stellen. Jetzt tut er sein Bestes für die Liebe.

Was mich jedoch beunruhigt, ist, dass ich mein Bestes getan habe und weiterhin tue, der Liebe treu zu sein, trotzdem aber meine Liebe immer noch zu personalisieren scheine. Ich sehe das, wenn ich gelegentlich Anfälle von Eifersucht habe. Deswegen bin ich vermutlich so sehr darauf bedacht, dem Selbst gegenüber, das ich noch in mir trage, wachsam zu sei. Ich erkenne das Leid, das ich mir in der Vergangenheit mit Liebhabern geschaffen habe, indem ich mich in schmerzhafte Phantasien verlor, die angeheizt wurden, weil ich hintergangen wurde, aber das erlaube ich mir nicht mehr, was eine Erleichterung ist. Bin ich einfach nur ungeduldig und erwarte zu schnell, von meinem leidenden Selbst befreit zu werden?

Bedeutet meine Hingabe an die Liebe, die Bereitschaft zuzulassen, dass mein Herz immer wieder durch Abhängigkeit gebrochen wird, deren Entstehen ich bis zu einem gewissen Grad im Endeffekt nicht verhindern kann (wenn sie auch in dem Maße geringer wird, in dem sich mein Selbst verringert)? Oder ist es möglich, dass ich schließlich doch alles Verhaftetsein überwinde? Ich glaube, dass das Letzteres zutrifft, und wenn ich die Stille in mir sein kann und weiß, was ich tue, dass ich dann in der Liebe bewusst bleiben und mich nicht in Phantasien von Liebe und Leid verlieren werde. Gibt es irgendetwas anderes, was ich tun kann und nicht tue? Ich kann nicht sehen, was ich sonst noch tun könnte, außer mein Leben in jedem Moment noch ehrlicher zu leben und mich nicht an eine Idee zu verlieren, ich könnte irgendwann einen Zustand erreichen, in dem ich völlig frei von persönlicher Liebe, Eifersucht und Selbstkritik bin.

Danke für deine Lehre

Liebe Gudrun,

die Dinge werden sich für dich weiterbewegt haben, seit du mir vor ein paar Monaten geschrieben hast. Ich war seitdem mehrmals im Ausland. Da du so ernsthaft bist, werde ich versuchen, die Hauptschwierigkeit zu behandeln, die du in deinem Brief ansprichst.

Das Zerbrechen des Herzens bedeutet einfach das Zerbrechen des Anhaftens an Vorstellungen von der Liebe. Wenn das Herz rein ist – von Verhaftetsein gereinigt – gibt es kein Leiden, kein Anhaften mehr. Das ist, wie du weißt, leichter gesagt als getan. Aber getan werden muss es, denn es gibt unmittelbar keinen anderen Sinn im Leben als das Herz von seiner Anhaftung und seinem Leiden zu reinigen, was im Endeffekt bedeutet, von seiner Anhaftung an das Leiden.

## Wenn das Herz rein ist, gibt es kein Leiden mehr

Das Leben muss gesehen und gelebt werden, wie es ist. Kein Mann kann sich vornehmen, nur dich zu lieben. Vielleicht liebt er nur dich, aber er kann es sich nicht vornehmen oder dir versprechen. Die Frau hat die Vorstellung (und er selbst manchmal auch), er könne es. Aber er kann es nicht. Wenn ein Mann es sich vornimmt oder verspricht, befriedigt er die Erwartungen oder Vorstellungen, welche die Frau von der Liebe hat. Und er wird unterbewusst frustriert. Diese Frustration ist die Ursache seiner Rastlosigkeit, seines Ärgers und seiner Launen. Damit soll nicht die Unfähigkeit des Mannes gerechtfertigt werden, die Frau, mit der er zusammen ist, zu lieben. Es drückt einfach aus, wie es ist. Tatsache ist, wenn er durch die Erwartungen der Frau oder seine Furcht vor ihren emotionalen Reaktionen an sie gefesselt ist, dann kann er nicht der Mann sein, der er ist, d. h. der leidenschaftliche, aufmerksame und sensible Mann, den sie kennen lernte, als sie sich das erste

## Der Mann kann nur dann frei sein, wenn er furchtlos ist

Mal trafen. Damals war er an keine Frau gebunden, und seine leichtlebige, aufregende und wilde Art, sie zu umwerben und zu lieben, war die natürliche Folge seiner Freiheit und der Anziehung, welche die Frau auf ihn ausübte. Sobald er anfängt zu spüren, dass er nicht frei ist, setzt die Fäulnis, das Bewusstwerden des Halsbandes ein. Das trifft auf jeden Mann zu, es sei denn, wie gesagt, er fühlt sich von den Vorstellungen und Erwartungen der Frau, was er sein sollte, nicht eingeengt. Der Mann muss frei sein, um zu lieben, um dich zu lieben, wie du es liebst, geliebt zu werden.

Rechtfertige ich die sexuelle Rastlosigkeit des Mannes? Natürlich nicht. Der Mann kann nur dann frei sein, wenn er furchtlos ist; wenn er keine Angst vor der Frau hat, wenn er keine Angst davor hat, sie bis zum Letzten, sie vollständig zu lieben, und trotzdem ihre emotionalen Phantasien und Träume davon, wie er sein sollte, nicht zu tolerieren, denn die zerstören den Mann in ihm für ihn und sie zerstören den Mann in ihm für sie. Beide verlieren, wenn der Mann Angst hat. Und das ist, was mit der Liebe von Mann und Frau auf Erden geschehen ist.

Heutzutage ist der Mann nicht zur Freiheit fähig. Er will die Freiheit, ohne seine Angst aufzugeben. Und das ist unedel. Während er von der Frau, mit der er zusammenlebt, unterdrückt wird, vor Angst gelähmt, was sie sagen oder ihm emotional antun könnte, will er andere Frauen lieben und versteckt seine Sexualität hinter Masturbationsphantasien oder heimlichen Affären. Er ist unfähig, der Frau entgegenzutreten und sie als wahrhafter Mann zu lieben, nach seinem Wissen von der Liebe zu lieben, und sich nicht den selbstsüchtigen, besitzergreifenden und eifersüchtigen Vorstellungen zu beugen, was es heißt, den Mann zu lieben, die sie sich angewöhnt hat. Erfüllt von Furchtlosigkeit muss er ihren Traum wahr werden lassen, so dass sie von wahrer Liebe erfüllt werden kann, von der sie das Wissen verloren hat. Sie ist alle Frauen geworden, statt die Frau, eine Ansammlung persönlicher Eindrücke von der Liebe, die einfach das Gegenteil von Liebe sind bzw. der Versuch, den Verletzungen und Schmerzen zu entgehen, die sie durch die feige Liebe des Mannes in der Vergangenheit kennen gelernt hat. Sie will ihn allein für sich besitzen, um selbstsüchtig die Schmerzen ihres zerbrochenen, verwundeten, desillusionierten Herzens zu heilen. In ihrer Eifersucht, ihrem heimtückischen emotionalen Klammern und ihrer Selbstkasteiung versucht sie, die wahre Liebe des wahren Mannes zu erlangen – und in diesem Versuch verliert sie genau das, nach dem sich jede Frau sehnt. Mit ihrem Sieg ist sie die Besiegte. Er ist ein Waschlappen. Sie ist unglücklich. Er ist unglücklich. Und zusammen versuchen sie vergeblich, das Beste daraus zu machen, mit einem netten Heim, ein paar Kindern und vielen Plänen für die Zukunft. Oder der Mann läuft weg und vögelt in seiner Angst, jemals genug zu lieben, eine Menge Frauen, um der Meister der Liebe zu sein, der er in Wirklichkeit ist.

Was also ist zu tun?

Mann und Frau zur Liebe ohne Angst oder Selbstsucht zurückzubringen, ist ein Prozess. Es war ein Prozess des Vergessens und der Unwissenheit, der sie in den bemitleidenswerten Zustand brachte, in dem sie heute sind, und genauso ist es ein Prozess für sie, wieder zum Ursprung zurückzukehren. Ein Prozess hat Stufen. Und die erste Stufe ist, dass die Frau Herrin der Liebe ist und nicht Liebe verlangt. Sie muss in ihrem Vorsatz stark genug sein, Liebe zu sein (Liebe ist das, was sie ist), um den Mann, der sagt, er liebe sie, dazu zu bringen, sich ihr in Liebe und Wahrheit zu stellen. Um dies zu tun, muss sie aufhören, vom Leiden, von gebrochenen Herzen und Verletzungen der Vergangenheit abhängig zu sein. Sie muss die Liebe, die mutig ist, höher stellen als ihr Selbst, das ihr Schmerz ist. Vor allem darf sie den Mann nicht körperlich lieben, es sei denn, er stellt sich ihr in Ehrlichkeit und Wahrheit. Sie muss ihm sein dringendstes Bedürfnis, nämlich zu fliehen, verweigern. Gleichzeitig muss sie liebevoll und freigebig sein.

Wenn der Mann damit droht, sie zu verlassen, muss sie ihm sagen, er darf sie nie mehr auf diese Weise bedrohen, und wenn er das beabsichtige, müsse er gehen, jetzt, in diesem Moment. Sie darf ihrem weinenden Herzen nicht nachgeben, diesem Organ vergangener Unwissenheit und Anhaftung, das vielleicht glaubt, es werde gleich brechen. Sie muss dem treu sein, was sie tut, was sie ist, der Liebe treu sein und nicht ihrem vergangenen Selbst. Sie muss für die Liebe sterben.

Das wird sie hinreichend Frau werden lassen. Sie mag diesen Mann und andere verlieren. Aber es ist besser, dass eine Frau auf dieser Erde die Macht der Frau im Dienst der Liebe verwirklicht, als dass eine Million Frauen einem unehrlichen Mann zu Gefallen sind, indem sie der Kraft seiner sexuellen Manipulation nachgeben.

**Sie muss die Liebe höher stellen als ihr Selbst, das ihr Schmerz ist**

Nur wenn eine Frau Frau genug ist, auf diese Weise für die Liebe einzutreten, kann ein furchtloser Mann zu ihr kommen und sie einen Weg lehren, der aus ihren falschen emotionalen Vorstellungen hinausführt, und sie zu der lebendigen Liebe zurückführen, die sie ihrem Wesen nach ist. Dann wird sie vom Geheimnis der körperlichen Liebe hören und es schließlich erfahren.

Körperlich lieben heißt für sie einfach, die Frau zur Frau zu machen. Und für den Mann, wenn er Mann genug ist, die Frau zu nehmen, heißt es, dass er dann vollendet ist, längst hier ist.

142

# Von Stephanie

Ich möchte dir gern für die letzte Serie von Vorträgen danken, die du gehalten hast. Ich fand sie sehr anregend, und wie immer haben sie meine Fähigkeit, im Körper zu sein vertieft, und das für längere Zeit.

Ich habe während dieser Vorträge zwei tiefgehende Erfahrungen gemacht, von denen ich dir gerne berichten möchte. Die erste war, als du über das weibliche Prinzip gesprochen hast. Ich hörte dem mit einem tiefen Gefühl von – so scheint es im Rückblick – ›geschlechtslosem Sein‹ zu, als ich plötzlich einen Verschiebung meines Bewusstseins wahrnahm und in das reine weibliche Prinzip einrastete. Nichts Männliches, nichts Weltliches, das diesen Zustand verwässerte, mir aber sehr, sehr bekannt und wie Nach-Hause-Kommen vorkam.

Die zweite Erfahrung kam, als du uns das erste Mal bewusst ins Unbewusste hineingeführt hast. Die Übung war mir aufgrund zwanzigjähriger Meditationspraxis sehr vertraut, dennoch war da auch etwas, das ganz anders war. Als du ankündigtest, was wir tun würden, jubelte mein ganzes Wesen mit einem deutlichen »Ja!« energetisch auf. Dem folgte ein Gefühl von überwältigender Erleichterung und dem Eindruck, geheilt worden zu sein, was mehrere Tage anhielt.

So komisch und vereinfachend das klingen mag, in dem Moment fühlte ich mich, als hättest du öffentlich mein tiefstes, wahrstes und heimlichstes inneres Wesen anerkannt und gewürdigt. Etwas, das ich seit meiner Kindheit bewusst vor der Welt verborgen hatte. Damit einher ging das Gefühl, vollständiger zu meiner ursprünglichen Natur zurückgefunden zu haben.

Ich fühle mich sehr privilegiert und dankbar, dass ich dich getroffen habe. Du bist wirklich der spirituelle Meister: das lebendige Beispiel der lebendigen Wahrheit; nach der sich mein Herz so lange gesehnt hat, obwohl ich nicht daran geglaubt habe, dass es in diesen fruchtlosen Zeiten möglich wäre, jemanden wie dich zu treffen – und doch bist du hier, jetzt, in mir. Danke, Barry.

## Ich bin in dir wirklicher als außer dir

143

Liebe Stephanie,

es ist deutlich, dass du einen tieferen und bedeutungsvolleren Kontakt mit dem tiefsten, geheimen Ort in dir hergestellt hast, den du schon immer gekannt hast. Das Gesetz der Existenz besagt, dass das innere Potenzial – der grenzenlose Raum von Liebe/Wissen in jedem Körper – nur durch äußere Ereignisse und Kontakte verwirklicht werden kann, die als Auslöser oder Spiegel fungieren. Infolge dessen ist Erfahrung der einzige Weg zur Selbstverwirklichung und zur Befreiung zum Sein. Aber Erfahrung allein ist nicht ausreichend. Eine Tiefe der Reflexion im Innen ist nötig, welche, um wirksam zu sein, von der Tiefe der Reflexion der verschiedenen kosmischen Körper im Äußeren begleitet sein muss. Wenn z. B. die innere Reflexion eines Menschen nur die geringe Tiefe weltlicher oder materialistischer Erwägungen außerhalb hat, wird ihr Potenzial nur gering entwickelt. Wenn jedoch die innere Reflexion der räumlichen Tiefe von Planetenbahnen gleichkommt, wird die Verwirklichung sehr viel tiefer und erfüllender sein. Sollte die Reflexion solare Tiefe erreichen, sind die Liebe und das Wissen, die durch die Präsenz implizit sind, groß – denn sie haben dann stellare Qualität. Und so geht die Parallele weiter, hinaus zu den Sternbildern etc., denn es gibt weder Ende noch Grenze für die Tiefe des Bewusstseins, die der Himmel repräsentiert. Das ist der wahre Ursprung der Redensart »wie innen, so außen«. Hier wirst du die Bedeutung des kosmischen Bewusstseins erkennen.

## Erfahrung ist der einzige Weg zur Selbstverwirklichung

Die Tiefe der Reflexion im Innen wird bestimmt von der Fähigkeit und Kraft des Einzelnen, richtig zu leiden – denn allein der Schmerz merzt die Ignoranz aus. Die Aufgabe und Freude der Liebe ist, all diese Löcher zu füllen. Und da die Liebe das einzig wahre Medium der Kommunikation ist, wird die Tiefe der Selbstlosigkeit oder richtigen Leidens im Sinne der Hingabe an die Liebe bzw. den Allerhöchsten zur Tiefe der inneren und äußeren Reflexion und Wahrnehmung. »Wie ich bin, so ist es.«

Du hast den Spiegel gezeichnet, der ich für dich bin und der, zusammen mit deiner eigenen Tiefe der Reflexion, die Wahrnehmungen und Einsichten ausgelöst hat, die in deinem Brief beschrieben sind. Es stimmt, ich bin realer in dir als außerhalb von dir.

## Von Laura

*Ich bin so dankbar für dieses Gefühl, das du durch deine Liebe wieder in mir erweckt hast – im Innersten meines Wesens. Es ist sehr stark, und es ist immer da, fast immer, und es ist wirklich völlig ausreichend.*

*Du schreibst (in deinem Faltblatt): »Komm mit deiner Furcht zu mir, und ich werde ihre Wurzeln bloßlegen.« Genau das hast du für mich getan. Aber jetzt wird mir klar, ich muss Illusionen, die ich habe, ablegen, um die Furcht abzulegen. Es scheint, ich beginne zu verstehen, dass die Liebe nur unpersönlich sein kann, und was ich für Liebe hielt, nur bruchstückhafte Toleranz, begrenzte und an Bedingungen geknüpftes Akzeptieren war. Doch was für eine schreckliche Verantwortung, die Einsamkeit dabei und die erforderliche Selbstdisziplin. Ich kämpfe damit, und es manifestiert sich außerhalb von mir. Aber natürlich weiß ich, dass ich danach gesucht habe, so lange ich mich erinnern kann.*

*Ich liebe dich, ich liebe dich, ich liebe dich.*

**Allein der Schmerz merzt die Ignoranz aus**

Liebe Laura,
ja, du hast wirklich die Liebe, die unpersönlich ist, empfangen, die Liebe hinter der Intimität jedes Körpers. Deine Worte zeigen, dass du jetzt der Liebe treu bist. Dies wird so bleiben – denn es ist dein Kern – obwohl das Grinsen und Grollen der Umstände versuchen wird, dich zu erschüttern.

Wisse, dass ich weiß, was du in dir gibst.

145

Sechs Wochen später schrieb sie wieder:

**Die wahre Liebe im Menschen kann nur durch eine äußere Spiegelung verwirklicht werden**

*Das Treffen mit dir hat einen tiefen Eindruck bei mir hinterlassen, und sein Einfluss auf mein tägliches Leben ist immer noch groß. Vor allem hat es mir bewusst gemacht, wie schrecklich unehrlich ich war/bin, und wie unehrlich meine Beziehungen waren. Dass ich vieles nur zu einem bestimmten Zweck getan habe, statt es wirklich tun zu wollen. Das schlimmste war natürlich die Unehrlichkeit meinem Partner gegenüber. Ich mag ihn, kein Zweifel, aber vor allem wollte ich ihn von mir abhängig halten, damit er mir half, die Kinder aufzuziehen, denn ich hatte versucht, das alleine zu tun, aber das hatte nicht sehr gut geklappt. Ich konnte die Verantwortung nicht eigentlich tragen. Jetzt scheint es, dass ich stärker bin. Jedenfalls hat es der Beziehung, zumindest wie ich es sehe, sehr geholfen, dass ich meine Unehrlichkeit teilweise abgelegt habe.*

*Es ist ein großes Problem für mich, die Vergangenheit loszulassen, weil ich, um ehrlich zu sein, sehr stolz darauf bin. Ich habe all die Gefahren gemeistert, all die Wunden geheilt, all diese schäbigen Erfahrungen hinter mir gelassen, und schau mich jetzt mal an. Es ist, als brauchte ich den Kontrast, um etwas zu sein. Es ist ziemlich offensichtlich. Und ich kann mir immer noch vorstellen, wie du darauf antwortest: »Sei still.« Also gehe ich wieder daran, mich still zu machen, aber ich hatte diesen Riesendrang, Worte vor dir auszuschütten. Ich fühle so viel Liebe. Ich muss nur das Wort »Guru« denken, und ich fühle, wie mein ganzer Körper darauf reagiert. Aber vielleicht sollte ich das nicht tun.*

*Aber ich liebe dich, das ist etwas, woran ich keinen Zweifel habe.*

Liebe Laura,

das, was du liebst, ist natürlich die unaussprechliche Süße in deinem Körper, der Herr, deine intimste energetische Essenz – und ich, dieses Bewusstsein im Mann in der Welt, spiegele es dir. Es ist so, dass die wahre Liebe im Menschen nur durch einen äußeren Auslöser bzw. eine äußere Spiegelung verwirklicht werden kann. Im Reich des Mögens und Nicht-Mögens – der normalen oberflächlichen Welt – findet dieses Auslösen fortwährend statt, wenn wir diesen Wagen, dieses Kleid, diese Person mögen, aber diese und diese und diese nicht mögen. Ebenso setzt sich die Welt der Gewohnheiten fort, wo Vorlieben – selbst innerhalb unserer Familien – so oft mit Liebe verwechselt werden. Du hast begonnen, aus dieser Welt herauszutreten, indem du in einen subjektiven Spiegel schaust – mein Wesen – statt in die normalerweise hoch bewerteten und in die Irre führenden objektiven. Denn im Gegensatz zu dem, was die Wissenschaftler und die Welt sagen, sind die Liebe und die Wahrheit subjektiv. Was objektiv ist, ist einfach die Tatsache – und die Tatsache ist nicht die Wahrheit. Die Tatsache ist nur im Augenblick wahr. Aber wie du weißt, ist die Liebe ewig, d. h. ein Jetzt, das niemals endet. Ist das die Wahrheit deiner Liebe, Laura?

# Von Tessa

*Möchtest du mit mir schlafen? Ich sehne mich danach. Ich schreibe dir, weil es einen Teil in mir gibt, ein Ja, ich möchte das Leben genießen, und ich nehme dich als so wunderschön wahr. Danke.*
*In Liebe*

Liebe Tessa,

das intensive Gefühl deiner Liebe zu mir und meiner Schönheit, ist deine Liebe zu Gott (bzw. dem Herrn) in dir, und die Schönheit dessen in dir. Ich bin für dich zum Fokus außerhalb von dir geworden, durch den du deine Liebe zu einem sengenden Punkt reduzierst, der in dir brennt, der die Materie, das Problem, wegbrennt.

Ich weiß, das ist wenig Trost, wenn du auf diese Weise dein Selbst reduzierst bzw. es reduziert wirst. Aber das ist alles, was ich tun kann.

## Ich zähle auf dich

Ich kenne deine Schönheit und deine Wahrheit, und du klagst nicht. Ich weiß auch von deiner Liebe.

Aber egal, was unser kurzes Leben und unsere längeren Tage uns sagen, der Sinn unserer Existenz ist es, in Gott rein zu werden. Nicht alle, nicht viele sind in der Lage, dies bewusst zu wissen. Sich des Sinnes bewusst zu sein, während wir der Liebe und dem Schmerz ausgesetzt sind, zeigt, dass wir in dem Prozess ziemlich fortgeschritten sind. Dies gilt auch für dich, liebe Tessa. Die Liebe liebt Dich.

## Von Holly

*Wie viele Frauen, Barry Long, wie viele sind ganz und gar frei?*

*Mein Leben ist ruiniert. Ich bin vom Mann angespuckt, gedemütigt, misshandelt und emotional vergewaltigt worden. Von jemand anderem unterdrückt, zum Tun gezwungen zum Machen, zum Sein, zum Handeln, zum Reden, zum Arbeiten usw., immer ihre Worte.*

*Ich kenne keine einzige Frau, die frei ist und ganz sie selbst. Deshalb strickt sie und stellt Wandbehänge her.*

*Viele Frauen ändern ihre Art zu leben und ihre Aktivitäten. Sie lesen Barry Long und glauben, sie hätten ihre Liebe erfüllt. Sie holen einfach Barry Long an Bord und glauben, diese andere Methode wäre es. Wie viele Frauen kennst du, die – am Ende – nicht so werden, wie Barry will?*

*Verweise mich nicht auf die Kassetten. Ich habe sie alle. Wenn es das wäre, warum ist dann die Welt nicht voll von schönen, frohen, von Liebe erfüllten Menschen?*

Liebe Holly,

»Wie viele Frauen, Barry Long, wie viele sind ganz und gar frei?«

Es gibt nur einen, der es tun und sein kann, Holly Harrison, nur einen – und ich rechne mit dir.

Mach einfach weiter .

# Von Chloe

*Ich möchte dir von mir und Jonathan, meinem fast 5-jährigen Sohn, schreiben. Auf einem Seminar habe ich dir gesagt, ich würde mich in der Beziehung zu ihm oft verunsichert fühlte, weil ich nicht wisse, was zu tun ›richtig‹ sei und weil jeden Tag den ganzen Tag lang eine Menge kleine Entscheidungen zu treffen wären und ich mich zerrissen fühlen würde. Du hast gesagt, ich sollte meinen Gefühlen folgen, und ich wüsste schon, was zu tun sei.*

*Ich fühle diese Unsicherheit in der Erziehung meines Sohnes immer noch, obwohl sich einiges geklärt hat. Ich glaube, ich bin die ganze Zeit meinen Gefühlen gefolgt, aber ich bin oft sehr unsicher und im Zweifel darüber, was ich tue oder nicht tue. Und bei einigen Dingen scheint mir, dass ich eindeutig viele Fehler gemacht habe.*

*Zum Beispiel war ich sehr vom Stillen überzeugt und hatte das Gefühl, es wäre nicht nur gut für ihn, sondern auch etwas, was für uns beide schön sein könnte. Ich stillte ihn, wenn er es wollte, und erst ab zwei Jahren fing er an, feste Nahrung zu sich zu nehmen. Selbst da ging es von mir aus, ihn weniger zu stillen. Abends vor dem Schlafengehen stille ich ihn noch immer, doch nachdem ich deine Bücher gelesen und dich gehört habe, frage ich mich: Ist die Brust nur ein weiteres äußeres Objekt, das seine Aufmerksamkeit und Energie nach außen lenkt? Habe ich ihm einen Bärendienst erwiesen, indem ich ihn vom Stillen abhängig gemacht habe? Ich war immer der Meinung, wenn er von allem genug bekäme, wäre er mit sich zu-*

**Die Frau darf niemals nur Mutter sein – sie ist immer Geliebte**

**149**

frieden, ohne Gefühle von Mangel mit sich herumzutragen. Mir schien es auch so wunderbar, auf diese Weise zusammen zu sein, eine schöne Art, den Tag für uns beide zu beenden.

Nun tauchen andere Zweifel auf. Ich schlafe bei Jonathan. Wir haben immer zu dritt zusammen geschlafen. Dann hatten wir das Gefühl, dass Simon und ich nicht gut genug schliefen, besonders Simon, weil er jeden Morgen zur Arbeit musste. Deshalb schläft er jetzt im Zimmer nebenan. Wir legen uns abends beide mit Jonathan hin, bevor er einschläft. Nehme ich ihm die Möglichkeit, sich an sich selbst zu erfreuen? Ich erinnere mich, dass du in »Nur die Angst stirbt« beschreibst, wie ein Baby vor Lebensfreude vor sich hin gurgelt und wie Eltern und andere es von sich wegziehen, seine Aufmerksamkeit auf äußere Dinge richten und es von Umarmungen abhängig machen. Ich habe viel mit Jonathan geschmust. Tue es immer noch. Und bis jetzt ist er immer in meinen Armen an der Brust trinkend eingeschlafen.

Natürlich hat die Umwelt in Form von Ärzten, Eltern, Verwandten usw. das immer kritisiert, aber ich habe kein Vertrauen zu dem, was andere sagen. Leider traue ich mir selbst auch nicht. Ich fühle mich ziemlich allein und dazu ohne das Wissen, wie ich ›richtig‹ handeln soll. Ich schaue mich immer wieder nach jemandem um, der mir helfen kann. Du sagst, wir haben alles Wissen in uns, aber ich gehe in mich und finde keine Antwort. Ich tue mein Bestes – wie alle, wie du sagst – doch es scheint nicht genug zu sein.

In Liebe

Liebe Chloe,

deinen Brief habe ich bekommen und werde mein Bestes tun, einige Hauptpunkte zu beantworten, aber ich kann dir wirklich nicht sagen, wie du dein Kind aufziehen sollst. Du musst wissen, was du tust. Und das heißt nicht, deinen Gefühlen zu folgen. Es mag anfangs zu einiger Verwirrung führen, wenn der Verstand Spekulationen anstellt. Aber wenn du in Stille zuhörst, wirst du verstehen. Gefühle bestehen aus Mögen und Nicht-Mögen und sind nicht verlässlich. Was dir heute richtig erscheint, wird dir morgen falsch erscheinen, weil die Emotionen wie ein Pendel ihre Stärke aus der Quasi-Stabilität des Hin- und Herschwingens beziehen.

Das konstante Gefühl unterhalb der Gefühle ist das Gefühl des Wohlergehens (Wohlbehagens), auf das ich mich in meiner Lehre immer wieder beziehe. Es ist immer da, und die Praxis besteht darin, sich damit so oft wie möglich zu verbinden und es zu sein. Dieses konstante Gefühl (alle anderen Gefühle sind nicht konstant) verwandelt sich in Wissen. Es gibt die Gefühle, die einmal etwas wissen und dann wieder nicht, und es gibt das Gefühl, das Wissen ist, d. h. Gleichgewicht oder Stetigkeit. Dieses Gefühl ist dann Klarheit. Und in der Klarheit weiß ich, was ich tue.

Was das Stillen betrifft, kann ich dir nicht sagen, was richtig ist. Du weißt das selbst für dich und dein Kind, das deine Erweiterung ist. Aber es muss aus dem Wissen kommen, nicht aus den Gefühlen, die, das zeigt deine Verwirrung ja, unstet und unzuverlässig sind. Ich denke, dass ein Kind nach spätestens zwölf Monaten von der Brust genommen werden sollte, wenn nicht vorher. Die

## Die Liebe zum Kind muss nachrangig sein

Mutter sollte das im Wissen darum tun, was richtig ist, und nicht unbedingt, indem sie sich nach Büchern oder der Meinung anderer richtet.

Es mag aber auch Zeit sein, etwas anderes auszuprobieren, weil sich die meisten Babys so erschreckend entwickelt haben, wie wir selbst. Wenn die Beziehung zwischen Mann und Frau in Ordnung kommt, dann wird sich vielleicht auch das Kind richtig entwickeln. Milch ist in ihrer Substanz Liebe, und sie ist für das Baby da. Die Liebe der Brust ist dazu da, den Mann und die geistige bzw. unsterbliche Liebe von Mann und Frau zu nähren. Wie es scheint, sorgen sich alle mehr um das Liebebedürfnis des Babys als um das des Mannes. Ersteres erfüllt ein notwendiges animalisches Bedürfnis, letzteres anerkennt, dass die Liebe bzw. die Macht über das animalische Bedürfnis hinaus gestärkt werden muss.

Das Wichtigste auf Erden ist die Liebe zwischen der Mutter und dem Vater des Kindes. Sie allein wird die Dinge ändern, das Aufziehen des Kindes inbegriffen. Die Liebe zum Kind muss nachrangig sein, sonst wird jedes Mitglied der Familie unzufrieden oder unglücklich. Die Brüste sind zunächst für das Kind da, bis es feste Nahrung und andere Getränke zu sich nehmen kann. Das ist Liebe. Dann sind die Brüste für den Mann da, um durch sie von der Frau die Nahrung der Liebe zu empfangen. Der Mann ist im Grunde ein Kind, und ohne diese Liebesnahrung wird er schwach im Sinne von hart und lieblos.

## Ohne Liebes- nahrung wird der Mann hart und lieblos

Wenn die Brust einer Frau ein Kind gesund erhält, dann tut sie das in nicht geringerem Maße für ihren Mann.

Da du Jonathan so viele Jahre gestillt hast, ist es fraglich, ob dein Mann viel von dieser Nahrung bekommen hat. Er wird großen Mangel gelitten haben. Du hast das Kind vermutlich weit über eure gemeinsame Liebe gestellt. Er wird unvermeidlich frustriert und unzufrieden sein, und das wird sich in eurem gemeinsamen Leben spiegeln. Vielleicht schläft er deshalb im Zimmer nebenan, was, wie du sagst, schon eingetreten ist, auch wenn die Gründe dafür ganz vernünftig sind. Auch eure Gewohnheit, mit dem Kind zu schlafen, wird dir deinen Mann entfremdet haben.

Bring das besser so schnell du kannst in Ordnung. Gib dem Wichtigsten Vorrang. Tue, was du tust, weil du weißt, warum du es tust, und höre auf, deinen Gefühlen zu folgen.

Ein letztes Wort, und ich möchte, dass du das immer mitliest, wenn du einen anderen Teil des Briefes liest. Du darfst dich nicht wegen irgendetwas schuldig fühlen, was du Jonathan oder Simon getan hast. Das Schuldgefühl ist eines der Gefühle von Mögen und Nicht-Mögen und zerstört die Liebe. Tue jetzt aus deinem eigenen Wissen heraus, was richtig ist, ohne dich auf die Vergangenheit zu beziehen. Du musst so weit wie möglich von diesem Ort aus handeln. Das ist Liebe.

# Von Hannah

Darf ich dir erneut schreiben? Ich würde mich freuen, wenn du mir auf einige mich belastende Fragen eine Antwort geben könntest. Nicht die Liebe ist das Problem: Mit Cliff und mir läuft es gut. Wir leben zwar noch nicht zusammen, aber ich bin nicht ungeduldig.

Meine Kinder bewegen sich weg von mir hin zu ihrem Vater. Ich bin nicht unglücklich darüber, dass sie von zu Hause weg sind, ich vermisse sie nicht, wenn sie nicht da sind (und ich freue mich an ihnen, wenn sie da sind), aber ich mache mir Sorgen, ob ich irgendetwas falsch gemacht habe.

Im Moment teile ich mir mit dem Vater das Sorgerecht. Die halbe Woche sind sie bei ihm, die andere bei mir. Wir leben nicht weit von einander entfernt, so dass sich das ziemlich leicht organisieren lässt. Er hat eine neue Frau, und sie ist nett zu den Kindern. Zu Anfang hatte der Junge Probleme mit ihr, aber die sind jetzt überwunden. Es scheint,

## Das Schuldgefühl zerstört die Liebe

dass ich ihr geholfen habe, denn als er anfing, sich bei mir über sie zu beklagen und zu sagen, er hätte sie nicht lieb, fragte ich ihn: »Hast du mich denn lieb?«

»Ja«, sagte er. Ich sagte: »Wenn du eine Frau gern hast, kannst du auch andere Frauen gern haben.« Er verstand sofort, was ich meinte, und sagte: »Das ist genau so, wie wenn du Mitglied bei der Stadtbücherei bist, dann kannst du auch Bücher von anderen Büchereien ausleihen.« Ich sagte: »Genau.«

Das schien ihm zu helfen. Im anderen Haus schienen sie auch an dem Problem zu arbeiten. Bis dahin waren die Kinder zwei Tage bei ihrem Vater und fünf Tage bei mir; von da an wollten sie länger beim Vater bleiben, und so kam es zu der Halbe-halbe-Vereinbarung.

Jetzt wollen sie noch öfter bei ihm sein, zum Beispiel fünf Tage bei ihm und zwei bei mir. Sie haben mich gebeten, mit dem Vater darüber zu sprechen, was ich auch tat. Bis jetzt ist nichts entschieden worden, aber ich fühle mich so merkwürdig bei all dem, so doppelt. Einerseits ist es leicht für mich. Ich habe meine Arbeit, die ich in eine halbe Woche reinquetschen kann. Weniger Zeit mit den Kindern bedeutet mehr Zeit für die Arbeit und weniger Stress. Außerdem begrüßt es Cliff, auch wenn er die Kinder mag und sie ihn (das ist wirklich so, sie kommen sehr gut mit einander aus), wenn wir mehr Zeit für einander haben.

Andererseits habe ich aber das Gefühl, ich sei vielleicht keine gute Mutter. Ich konnte mir nicht verkneifen, den Jungen zu fragen, warum er lieber bei seinem Vater wäre, und er sagte, »weil wir früher in der Schule sind, wenn er uns hinbringt, und weil er uns Fleisch zu essen gibt. « Sowohl der Vater als auch seine Frau leben von Sozialhilfe, und so haben sie viel mehr Zeit und Aufmerksamkeit für die Kinder als ich. Ich finde, ich tue mein Bestes, aber ich muss zugeben, dass ich oft keine sehr verantwortliche und liebende Mutter bin. Dies führt zu Zweifeln, die an mir nagen. Außerdem bin ich wahrscheinlich einfach eifersüchtig.

Eigentlich weiß ich gar nicht genau, welche Frage ich an dich habe. Ich kann dich ja nicht fragen, ob ich als Mutter gut genug bin. Ich sollte das doch selbst wissen, oder? Die Angelegenheit ist aber mit einer Emotion verbunden, die ich nicht in den Griff bekomme, weil sie schwer zu identifizieren ist.

Würdest du bitte etwas dazu sagen?


Liebe Hannah,
du kannst nicht gleichzeitig eine gute Mutter und eine gute Geliebte sein. Je wahrhaftiger du als Frau wirst oder bist, um so mehr wirst du den Kompromiss sehen und dir dessen bewusst werden. Die Welt arbeitet mit Kompromissen – d. h. an zwei Sachen zu hängen und zu glauben, ungeschoren davonzukommen. Und dort funktioniert es, liefert die Energie für das Pendel von Mögen und Nicht-Mögen, zwischen diesem und jenem, und treibt den Menschen durch die Kraft von Konflikt und Teilung dazu, ein Leben zu führen und als natürlich zu akzeptieren, das bedeutet, heute glücklich und morgen unglücklich zu sein. Der Weg, den die Welt geht, ist der problembeladene Weg und seine Wurzel ist der Kompromiss.

Nun zu den Kindern und dir. Die Emotion ist deine Vorstellung von einer Mutter. Sie versucht zu sein, was du nicht bist. Du bist Mutter, so weit du Mutter bist: fürsorglich, liebend, verantwortlich. Aber du kannst nur jeden Moment sein, was du bist. Du bist auch Geliebte (für Cliff). Und du arbeitest. Du kannst alle drei Dinge sein. Solange du nicht, während du eines bist, versuchst oder denkst, das andere sein zu wollen. Das ist Beziehung. Eins vermischt sich mit dem anderen – und es entsteht emotionale Zerrissenheit. Und du bist weder das eine, noch das andere. Liebe deine Kinder mit deiner Weisheit und deiner Aufrichtigkeit. Die Kinder haben ihre simplen, unkomplizierten (kompromisslosen) Gründe dafür, dass sie im Moment lieber bei ihrem Vater sind, wie es der Junger so wunderschön ausgedrückt hat: »Wir sind früher in der Schule, wenn er uns bringt, und er gibt uns Fleisch zu essen.« Und die Frau des Vaters ist (durch die Gnade der Liebe) gut zu ihnen – so wie Cliff. Das kommt alles von Dir, dem Zentrum von allem. Eigentlich läuft das doch alles ziemlich gut, oder? Es ist nur der Verstand, der alles auf einmal sein will – obwohl er selbst nicht einmal mit sich lange im Einklang ist.

**Du kannst nicht gleichzeitig eine gute Mutter und eine gute Geliebte sein**

Sei, was du bist, jetzt – und versuche nicht, es dem, was du gestern warst, mit dem Verstand überzustülpen. Gib auf, lass los. Aber wenn du bist – was immer es sei – dann sei es, tu es. Mach dich von den verschwommenen Kanten los, von dem Wunsch, zwei Dinge zu sein. Jedes zu seiner Zeit, so lange es dauert. Dann das Nächste. Es kann sich innerhalb von Minuten ändern und tut es auch. Ich arbeite an meinem Schreibtisch. Ich bin ganz das. Der Junge kommt herein und stellt eine Frage. Jetzt bin ich Mutter. Ich bin all das – Mutter, aufmerksam, ganz Ohr für das, was er zu sagen hat, ohne einen Gedanken an das, woran ich gearbeitet habe oder was ich vorher getan habe. Ich antworte ihm. Wenn ich sehe, dass die Sache für ihn nicht dringend ist, sage ich wahrheitsgemäß und ohne Ungeduld: »Ich bin gerade am arbeiten. Ich bin in spätestens einer Stunde fertig. Das muss sein. Dann werde ich zu dir kommen oder mich dem widmen, was du brauchst«. Zurück zur Arbeit. Kein Gedanke an den Jungen. Dann gib ihm oder tu, was du ihm versprochen hast. Erkläre ihm, was es heißt, verantwortlich zu sein für das, was du bist und was du tust. Er wird dich hören – den guten, praktischen Sinn dahinter. Und indem er aufwächst, wird er dich dafür lieben – und wird immer zu dir zurückkommen, um mit seiner weisen und liebenden Mutter zu reden, die offenbar fähig war, alles zu sein. Ich bin, was ich bin.

## Von Anne

*Meine Tochter Arabella ist heute weggegangen. Sie hat alles, was ihr gehört, entweder weggeworfen oder mitgenommen. Sie hat sich, wie du sagst, dem Gesetz des Lebens entgegengeworfen.*

*Ihr Zimmer sieht fast aus, als hätte sie nie existiert, und ich leide – das Baby in meinem Schoß stirbt, und ich versuche, den Schmerz im Bewusstsein zu halten, wie du es lehrst. Ich versuche, nicht*

**Liebe heißt loslassen**

*zu denken, sondern einfach bei ihm zu sein. Jedes Mal, wenn die Emotion anfängt hochzukommen, halte ich sie unten im Bauch und versuche still zu sein, aber ich weiß, da ist viel Schmerz. Ich kann die Verbindung mit allen anderen Schmerzen spüren – dem Tod von Mutter und Bruder, von anderen Nahestehenden sowie von Beziehungen.*

*In mir ist viel Liebe, und ich danke dir, dass du mir geholfen hast, sie wiederzufinden.*

*Ich habe Arabella meinen Segen gegeben, als sie ging, und ich weiß, dass die wunderbare reifende junge Frau, die sie ist, allem entgegentreten kann, dem entgegenzutreten ist, doch ich möchte da sein, wenn ich gebraucht werde. Aber natürlich werde ich nicht mehr gebraucht, und so sollte es auch sein.*

*Etwas, fällt mir auf, Barry. Wenn ich mich emotionalem Schmerz stelle, habe ich oft eine heiße Wallung – ich gehe gerade durch die Meno-*

*pause. Ich habe das Gefühl, dass ist nur einer der vielen Tricks meines Gehirns: »Schau mal, was das mit dir macht«; scheint es zu sagen, und es geht schnell vorüber, wenn ich mich nicht darin ergehe.*

*Es scheint überhaupt keinen Grund zu geben, weiter zu schreiben. Jetzt ist eine gewisse Stille in mir.*

*Gott segne dich.*

*In Liebe*


Liebe Anne,

du bist eine tapfere und weise Frau. Sie ist gegangen, wie du sagst, weil sie es musste. Auch sie muss die Welt des Mannes betreten – und ihren herzzerreißenden Schmerz, sowie ihre Freude erleben. Sie muss lernen, sich über das Leiden zu erheben – so wie du – indem sie den Mann liebt, ohne innerlich von ihm oder seiner selbstgeschaffenen Welt der Probleme abhängig zu sein. Er wird sie durch die Bürde seiner Welt auf die Knie zwingen. Aber ich bin hier bei dir, Frau, dir aufzuhelfen, indem ich dir die Spiegelung deiner eigenen Macht zeige. Du bist für die Liebe geschaffen, nicht für die Abhängigkeit. Und dein Brief, Anne, zeigt, dass du dich von der Welt unabhängig machst, obwohl sich ihre Last über die Jahre an dich gehängt hat. Du hast die Macht der Frau in dir gefunden. Und du nennst sie mit Recht

## Sei offen für das Leben, das Neue, das Unbekannte

Liebe. Es braucht Zeit, die Last abzuwerfen. Sei nicht entmutigt. Die Liebe der Frau ist die Liebe der Frau, nicht des Mannes. Er muss die Liebe des Mannes finden, um sich von seiner eigenen Last zu befreien, seiner eigenen sich selbst aufgezwungenen Welt. Aber jetzt ist die Zeit der Frau. Und ich, Mann, der dich gebunden hat, bin jetzt hier als meine Lehre, um das wiedergutzumachen und dich zu befreien. Ja, emotionaler Schmerz wird in der Menopause zu heißen Wallungen führen. Das ist alles. Beschäftige dich nicht im Kopf damit. Liebe heißt loslassen.

157

# Von Stella

*Nach deinem letzten Seminar fühlte ich mich sehr gut. Du erinnerst dich vielleicht, dass ich zu dir sprach, weil ich glaubte, meine Klarheit und Verbindung mit dem spirituellen Leben zu verlieren. Ich erklärte dir, dass ich seit meiner Scheidung vor einem Jahr ohne Partner lebe und das Gefühl hatte und immer noch habe, dass meinem Leben ganz deutlich die Liebe fehlt.*

*Jetzt merke ich, wie ich wieder vom Ekel und dem Kampf ums Dasein heruntergezogen werde und anscheinend nicht in der Lage bin, die Liebe in mir bzw. irgendeine Nähe zum Leben zu finden. Ich nehme an, ich bin, was die Psychotherapeuten depressiv nennen, nur mit dem Unterschied, dass ich dank dir in den letzten zwei Jahren die Wahrheit des Lebens und manchmal große Klarheit kennen gelernt habe – was du Gottesbewusstheit nennen würdest. Wie kommt es, dass ich jetzt anscheinend rückwärts gehe?*

*Als ich mit dir sprach, sagte ich, dass ich es innerhalb eines Jahres geschafft hätte, mein äußeres Leben in eine klare Ordnung zu bringen, und ich hätte keine Probleme mehr. Warum bin ich also jetzt in meinem Inneren so verwirrt? Immer wieder lese ich deine Bücher und höre deine Kassetten, aber ich habe eine solche Sehnsucht, einen Partner zu treffen, mit dem ich diese Wahrheit teilen könnte. Du hat mir versichert, ich würde bald jemanden treffen, und ich habe darauf vertraut, dass es eines Tages passieren wird. Ich bin aber über mich selbst enttäuscht, weil ich Freude finden und vom Unglücklichsein frei sein können wollte, ohne von einem anderen abhängig zu sein. Ich möchte unpersönlich lieben können, aber ich finde es sehr schwer.*

*Dieses Tief überkommt mich immer ein paar Monate nachdem ich bei dir war. Irgendwie schaffe ich es nicht, die machtvolle und positive Energie zu halten, die ich von dir bekomme, und ich lasse es zu, dass ich in die Welt zurückgezogen werde und die Schrecklichkeit und Sinnlosigkeit des alltäglichen Daseins erlebe. Wie finde ich zu dem Gott in mir zurück?*

*Es hat mir so gut getan, deine Gegenwart zu spüren und mit dir ver-*

*bunden zu sein. Ich bin dir dafür wirklich dankbar. Als ich ging,*
*fühlte ich mich viel weniger einsam und voll von deiner Energie. Meist*
*fällt es mir schwer, zu jemandem Kontakt herzustellen, und die mei-*
*sten Menschen um mich herum sind nicht spirituell bewusst, was*
*mich noch einsamer macht.*

*Ich hoffe, das klingt nicht wie eine traurige Geschichte. Ich versichere*
*dir, dass ich aufgehört habe, solche zu erzählen. Ich schreibe dir im*
*Ernst. Dich als Meister zu entdecken, hat mein Leben völlig verändert,*
*auch wenn ich manchmal Hoffnungslosigkeit fühle.*

Liebe Stella,

du bekommst diese Depressionen, weil du geliebt werden willst. Du
bist froh, wenn du bei mir warst, weil du weißt, dass ich dich wahr-
haft liebe, d. h. meine Energie durchdringt tatsächlich die Materie deines Körpers, die Schale des Verstandes, hin zu deinem Leib, welcher der süße weiche Teil von dir ist, der von Liebe und Wahrheit lebt. Du musst körper-lich geliebt werden, wie du weißt, aber auch von einem Mann, der die Wahrheit hört wie du. Das ist wahre Part-nerschaft.

**Du bekommst Depressionen, weil du geliebt werden willst**

Die Materie deines Körpers, die Schale des Verstandes um den Leib, ist etwas, was wir als Gattung angenom-men und als Person erworben haben, um uns gegen den Liebesmangel in der Welt und unsere daraus resultieren-den Gefühle der Verletzlichkeit zu schützen. Wir werden ›stark‹, mental stark, so dass wir zurechtkommen und uns den Anschein geben zurechtzukommen. Aber diese Stärke erzeugt Angst vor der Verletzlichkeit, d. h. Angst davor, uns der Liebe zu öffnen. Also schotten wir uns, den natürlichen rückhalt-losen psychischen Fluss, ab und tragen zur Lieblosigkeit der Welt bei. Dann fühlen wir uns allein und spüren »die Schrecklichkeit und Sinn-losigkeit des alltäglichen Daseins«, wie du es beschreibst. Wir mer-ken, dass wir auf jemanden warten, der uns liebt, und das bringt uns

**159**

dazu, nicht von einem »anderen« abhängig sein zu wollen, wie du es auch beschreibst.

Der Punkt ist, dass du es tun musst. Du musst dich psychisch für die Liebe des Mannes öffnen. Du musst dich deinem eigenen Gefängnis und deiner Angst stellen. Wahrscheinlich hast du das Gefühl, du weißt nicht, wie du das erreichen sollst oder dass das nur Worte sind und dass ich deine Lage nicht wirklich verstehe. Aber ich verstehe sie.

## Die Suche nach magischen Kräften ist die okkulte Form von Selbstsucht

Du musst durch diese Materie hindurchbrechen, diesen psychischen Kreis, den du um dich herum gezogen hast. Es ist wie der »Wächter der Schwelle« oder der »unpassierbare Ring«, wie es in okkulter Terminologie tatsächlich genannt wird. Beides bedeutet, dass dir nicht erlaubt ist, zur nächsten erfüllenden Phase deines Lebens weiterzugehen, bis du dich stellst und durch rechtes Handeln an dem schrecklichen Wächter vorbei und durch den unpassierbaren Ring hindurch gehst. Rechtes Sein hast du, denn ich kenne deine Liebe und Ernsthaftigkeit in dieser Sache. Jetzt ist Handeln gefragt.

In den okkulten Praktiken gibt es eine Selbstsucht, eine Suche nach magischen Kräften, durch welche die ganze okkulte Welt zu einem Ort der Selbstsuche wird, die sich als spirituelle Praxis ausgibt. Was du tust oder tun wirst, wenn du mich richtig hörst, wird deinem Selbst keinen Gewinn bringen. Die Handlung wird das Absterben des Selbst bedeuten, und zwar durch das Opfern des Selbst, der Angst. Du musst deiner eigenen Verletzlichkeit treu sein. Du musst verletzlich sein. Du musst dich zur Verfügung halten, indem du psychisch dem Mann die Arme entgegenstreckst, dass er dich liebt. Du musst in Liebe nackt dastehen, ohne Furcht um dich. Das ist eine heilige innere Balance, eine Haltung, die zur Welt des Mannes hinauslächelt.

Und dein Schutz? Dein Schutz ist deine Erfahrung. Bis jetzt war dein Schutz deine Angst. Du weißt aus deiner Erfahrung als Frau, was du nicht willst. Kein Mann kann sich dir je wieder aufzwingen.

Kein Mann kann dir mit seinen süßen Worten, seinen Geschenken, seinem Charme etwas vormachen. Denn du bist eine Frau der Liebe, Gottes, des Wissens vom Leben. Du weißt, was die Liebe des Mannes ist. Du erwartest nicht, dass er Gott oder ein Engel ist. Du willst nur, dass er der Liebe treu und so wie du willens ist, durch eure Wechselwirkung zu lernen, über Liebe und Wahrheit zu sprechen, und seiner eigenen inneren Realität gegenüber verletzlich und aufrichtig zu sein, damit ihr beide Launen, Ärger, Verweigerung, Groll, Schuldgefühle und Angst allmählich überwinden könnt.

Befasse dich mit den Tatsachen, nicht mit den Rechtfertigungen. Wenn ich in dieser Welt einsam bin, dann ist es Tatsache, dass ich mich von der Liebe abgeschottet habe. Dasselbe gilt für jede andere negative Haltung, mit der ich mich abgebe und der ich mich hingebe. Hinter jeder Negativität steckt Selbstsucht.

Du musst dazu bereit sein, Stella. Du hast lange genug gelebt und lange genug geliebt, um die Frau zu sein, die du bist. Auf diese Weise bist du nicht abhängig vom anderen. Du tust es, du bist verantwortlich. Du weißt, was du tust und warum du es tust. Du musst innerlich diesen ersten Schritt tun, und das wird die äußere Manifestation deiner eigenen Bereitschaft zu lieben hervorbringen.

Sei frohen Muts, wenn du dich nach außen wendest, im Wissen, dass ich, die Liebe des Mannes, in dir bei dir bin.

**Ich bin in dieser Welt einsam, weil ich mich von der Liebe abgeschottet habe**

## Von Jane

*Meine Ehe wurde vor über zwanzig Jahren beendet, und seitdem habe ich mit niemandem mehr eine Beziehung gehabt, sei es Mann oder Frau. Ich bemerke in meinen Beziehungen zu anderen, dass, körperliche Berührungen durch andere fast immer in einer etwas aggressiven Weise geschehen, so, als ob man geschlagen wird. Mir ist klar, dass dahinter* nicht die Absicht steht, mich zu verletzen, und es mag nur ein Versuch sein, sich mir zu nähern oder vielleicht einen Punkt zu unterstreichen. Aber es ist etwas, was ich mehr als ich sagen kann verabscheue. Mein Bedürfnis nach körperlicher Liebe ist so groß, aber diese rücksichtslose, harsche, aggressive Berührung ist beinahe die einzige Erfahrung in den Jahren nach meiner Ehe.

Du hast gesagt: »Du hungerst nach Liebe, weil du nicht wagst zu lieben.« Durch das Praktizieren deiner Lehre wird mir zunehmend klar, wie furchtsam ich bin, aber auch wie viel bewusster mir das alles wird.

Auf einem Seminar habe ich dir gesagt, wie sehr ich mich vor allem nach einer Beziehung zu einem Mann sehne, aber sehe, dass ich bei den (allzu raren) Gelegenheiten, wo ich mit Leuten zusammen bin, irgendwie nicht zur Nähe ermuntere. Du hast mit großer Wärme und Ermutigung darauf reagiert, als ich dieses Thema anschnitt, und dafür danke ich dir von ganzem Herzen. Ich hatte von dem, was du sagtest und wie du es sagtest den Eindruck (ich kann mich jetzt nicht an die genauen Worte erinnern), dass ich nahe an einer Beziehung dran war. Ich habe gelernt, mich mehr zu lieben, aber es hat sich noch nichts materialisiert.

In den »Making Love«-Kassetten sagst du: »Wenn du ernsthaft bist mit der Liebe, wirst du schließlich jemanden anziehen, der den Beginn dieses großen Abenteuers mit dir teilen wird.« Es ist jetzt vier Jahre her, seit ich diese Kassetten das erste Mal gehört habe, aber es scheint immer noch nicht der göttliche Wille für mich gewesen sein.

# Dein Körper will geliebt werden

Liebe Jane,

was den Mann betrifft, hast du dich in den letzten vier Jahren, wenn er kam und sein Interesse bekundete, wirklich der Gelegenheit geöffnet? Weißt du, er kommt nicht unbedingt auf einem weißen Ross daher. Der für dich der Richtige sein mag, hat vielleicht genauso wenig Selbstvertrauen wie du, obwohl sein Bedürfnis nach Liebe genauso brennend ist. Du musst auf gegenseitige Anziehung reagieren, subtil oder sanft ermutigen, um die Furcht oder den Schatten in dir zu überwinden, die eine Art Selbstschutz sind. Dieser Schatten hat den Mann von dir abgehalten bzw. hat bei dir dazu geführt, dass du die gebotenen Gelegenheiten nicht wahrgenommen hast.

Er wird wiederkommen und dir eine neue Chance geben. Sei wachsam, aber suche nicht nach Idealen. Dein Körper will geliebt werden. Nimm die Dinge bzw. ihn, wie es kommt, solange du die Anziehung fühlst und er in seinem Austausch mit dir Liebe und Zärtlichkeit beweist.

## Von Rosemarie

*Vielen Dank, dass du mir schreibst. Es tut mir leid, dass ich nicht zu deinem Seminartag kommen konnte.*

*Als ich deinen Brief das erste Mal las, machte er Sinn, aber als ich ihn später las, machte er mich ärgerlich. Du sagst, ich werde von meinem Schicksal zu meinem »unvermeidlichen Los der Erfüllung in Liebe, Vereinigung und Leidenschaft« geführt. Aber wer sagt, dass das mein unvermeidliches Los ist? Es könnte doch ganz anders sein, oder? Viele Leute enden einsam und ungeliebt.*

*Ich bin nicht ungeduldig, denn ich habe genug damit zu tun, Jugendliche aufzuziehen, aber ich bin besorgt, weil ich so lange gewartet habe (ich bin 48) und es immer noch nicht habe. Ich mache mir Sorgen, dass ich zu alt werde. Du sagst: »Tu, was du willst«. Ich liebe einen Mann, den ich schon vor meiner Ehe kannte. Er ist 57, immer noch alleinstehend, und wenn ich bei ihm bin, fühle ich, dass ich zu Hause angekommen bin, dass ich hier hingehöre, dass er der Teil ist, der mir fehlt – und fühle mich vollständig. Aber offensichtlich hegt er nicht dieselben Gefühle für mich. Im Kontext göttlicher Liebe und Gerechtigkeit ist das nicht fair. Wenn er mich nicht immer bei sich haben will, so wie ich ihn, kann ich nie glücklich werden. Wie kann ich also tun, was ich will? Ich weiß, was ich tun sollte: ihn vollständig vergessen. Aber das ist nicht, was ich will. Ich habe auch das Gefühl, es gibt niemanden sonst in der Welt, mit dem ich mich so vollständig fühle.*

*Das ist ein Teil der Geschichte. Ich wünschte, ich könnte das lösen. Mit besten Wünschen und Entschuldigung wegen des Seminartages. Ich hoffe, er war erfolgreich.*


Liebe Rosemarie,

es geht einzig und allein darum, dein Denken aufrichtig zu machen: Du musst die Dinge sehen, wie sie sind, nicht wie du sie dir wünschst.

Zum Beispiel: Wie kann es dir Leid tun, nicht bei meinem Treffen gewesen zu sein? Du hast stattdessen getan, was du wolltest, Du wusstest, was du tatest, und du hast es getan. Du magst dir vielleicht selbst Leid tun (weil du nicht aufrichtig denken und deshalb nicht aufrichtig leben kannst), aber es tut dir nicht wirklich Leid. Es geht darum, das Wichtigste an die erste Stelle zu setzen.

Noch einmal: Du hältst an einem Mann fest, der dich nicht liebt. Das erzeugt bei dir Leid. Du leidest nur dann, wenn du tust, was du nicht willst. Was du wirklich willst, ist, frei von Leid zu sein. Wenn du also sagst, du wüsstest, was du tun solltest, dann sagst du in Wirklichkeit, was du willst: Vergiss ihn. Solange du an ihm festhältst, kann kein anderer Mann kommen, weil du von psychischen Wellen frustrierter Abhängigkeit vibrierst. Wer möchte jemanden lieben, der nur halb da ist, weil er jemanden anderen liebt? Glaubst du wirklich, das findet nur in deinem Kopf statt? Merkst du nach 48 Jahren immer noch nicht, dass du energetisch ausstrahlst, was du bist und nicht bist?

Es hing nicht von dir ab, wann du geboren wurdest. Es wird nicht von dir abhängen, wann du stirbst. Und es ist nicht an dir zu entscheiden, wer für dich richtig ist und wann du ihn treffen wirst. Wenn

## Es geht einzig und allein darum, dein Denken aufrichtig zu machen

**164**

du diese Dinge entscheiden könntest, hättest du wahrscheinlich nicht den Mann geheiratet, den du geheiratet hast, noch wärest du in der Situation, die du beschreibst. Tu, was du willst, nicht was du glaubst zu wollen. Sei offen für das Leben, das Neue.

## Von Helen

*Ich finde es sehr schwer, meine letzte Beziehung zu lösen.*

*Ich habe Jack auf einem Retreat getroffen. Schon kurz nach Beginn des Treffens sagte er mir, dass er ›mich liebe‹ und ich sein Seelenpartner sei. Er sagte, es sei ihm schon lange vorher eröffnet worden, dass er mich treffen würde, dass ich ihm genau beschrieben worden wäre und ich genau dieser Beschreibung entspräche. Ich glaubte ihm nicht. Ich dachte, er sei verrückt, wenn auch ein netter Junge ist.*

*Während des Retreats erzählten wir uns gegenseitig unser Leben. Seines kreiste um seine Frau und nette Kinder – obwohl er unglücklich verheiratet sei, wie er sagte. Dann fingen wir an zu entdecken, dass wir große Ähnlichkeiten in unser beider Leben hatten. Wir hatten genau dieselben Interessen und dieselben Krankheiten. Kurz und gut, die Tage vergingen, und wir mussten uns trennen. Beim Abschied weinten wir beide.*

*Als ich nach Hause kam, nahm ich Kontakt zu ihm auf, und nach zwei Wochen kam er, um mit mir zusammenzuleben. Er sagte mir, er wisse, dass er das erste Mal in seinem Leben sich selbst treu sei. Seine Frau drehte ziemlich durch und fing an zu telefonieren und vorbeizukommen. In den fünf Monaten, in denen wir zusammen waren, gab sie nie auf.*

*Diese fünf Monate waren ein einziges Entzücken für uns. Er hat sie seitdem als »Gnade« bezeichnet und dass er »geehrt« sei, eine*

**Es ist nicht an dir zu entscheiden, wer für dich richtig ist und wann du ihn treffen wirst**

**165**

solche Beziehung des beiderseitigen Gebens erfahren zu haben.

Aber seine Kinder wurden krank und verhaltensgestört. Sie machten Jack ständig Sorgen. Schließlich konnte er es nicht mehr ertragen und ging zurück. Wir trafen uns aber immer noch und liebten uns manchmal. Dabei erlebten wir bisweilen außerordentliche Gefühle des Zusammen-Aufsteigens und fühlten uns wie im Himmel auf Erden. Doch nach einigen Monaten versank er allmählich im normalen Eheleben.

## Kein Körper eines lebenden Mannes ist dein Seelenpartner

Weil er sich unehrlich fand, hörte er auf, mich zu besuchen, aber er rief immer noch an. Dann hörte auch das auf. Es war die Hölle für mich. Inzwischen hat er einem gemeinsamen Freund gesagt, dass er mich immer noch liebe und es immer tun werde, dass ich sein Seelenpartner sei und dass wir unser Entzücken nach dem Tod fortsetzen würden.

Jetzt bin ich allein. Ich versuche sehr, das zu praktizieren, was du sagst, aber ich kann diese außergewöhnliche Erfahrung nicht vergessen. Ich weine noch von Zeit zu Zeit, obwohl ich weitermachen muss.

Wie komme ich darüber hinweg? Du hast gesagt: »Es ist vorbei«. Aber wie kann das sein, wenn wir in der Zukunft zusammen sein sollen? Und wie kann ich eine gute Beziehung aufnehmen, wenn ich weiß, dass er die andere Hälfte von mir ist?

In Liebe

Liebe Helen,

kein Körper eines lebenden Mannes ist dein Seelenpartner. Aber der Mann ist dein Seelenpartner. Das ist er tatsächlich im Leib. Aber er ist nicht in jedem Körper, noch hat er den Körper eines bestimmten Mannes. Er war im Leib im Körper eines jeden Mannes, den du je geliebt hast. Er schien durch sie alle hindurch, mehr oder weniger. Denn dieser dein wunderbarer, wunderschöner Mann ist ein energetisches Prinzip, und er kommt und geht im Leib der verschiedenen Körper. Es ist immer derselbe Mann, dieselbe Liebe, aber in verschiedenen Männern. Er schien sehr stark durch den Körper von Jack. Aber bedenke, es war der Leib in dem Körper namens Jack, das unbeschreibliche Gefühl des Einsseins, das du geliebt und erkannt hast, nicht Jacks Körper. Dein Gehirn dachte, der Körper sei der Leib – und so hat es dich in die Irre geführte, wie es jeden auf Erden irreführt.

Auch du bist im Leib, die Frau jeden Mannes, der dich je geliebt hat. Auch du bist der Leib, nicht der Körper. Und du scheinst für den, der dich sehen kann, hervor, bis einer von beiden anfängt, die Vision zu verlieren, indem er den Körper wahrnimmt und nicht den Leib. Dann scheint die Liebe – bzw. die Anziehung – zu verblassen.

Mit anderen Worten, die Wahrheit der Liebe liegt im Leib, nicht im Körper.

Keine zwei Körper können lange zusammenbleiben. Sie sind immer in Bewegung. Der Leib ist in jedem Körper konstant, nicht aber der Körper. Männer und Frauen, die mit dem Körper wahrnehmen, sind binnen Kurzem nicht mehr in der Lage, den Leib zu sehen, und deshalb muss der Körper weiterziehen. Nur das beständige Wahrnehmen des Leibes kann dazu führen, dass zwei Körper in Liebe und Wahrheit zusammenbleiben. Wenn einer strauchelt, müssen sie, sei es durch Distanz, sei es durch Gewohnheit, getrennt werden oder sich trennen. Zwei Körper, die ohne Leib zusammenleben, sind der Inbegriff geheuchelter Liebe wie der Heuchelei unserer Zivilisation.

Die Ähnlichkeiten im Leben der beiden Körper, wie du sie beschreibst, sind teilweise eine Spiegelung dessen, dass ihr euch im Leib treffen solltet – um dann weiterzugehen.

Denn Jack ist fort. Und für ihn bist du fort im Leib. Lass es sein. Du bist immer noch für dich im Leib – spürst du es? Spürst du die Liebe? Warte und beobachte. Er wird wiederkommen, in einem anderen Körper. Oder ihr werdet euch schließlich in euren Körpern treffen. Aber es wird nicht Jack sein. Es wird deine Liebe sein, dein eigener formloser energetischer Mann – der, der dich sowieso nie im Leib, sondern nur scheinbar im Körper verlassen hat.

## Von Leonore

Über das Selbst hinauszugehen, ist eine einsames Unternehmen, so jedenfalls scheint es. Seit mein Herz vor fünf Jahren gebrochen wurde, habe ich stetig dazugelernt.

Ich fühle oder besser ›bin‹ beständig die Liebe. Das schafft ein friedvolles Leben. Seit ich dir vor drei Jahren schrieb, habe ich mich von der süßen Sehnsucht nach Liebe hinbewegt zu ihrer Süße selbst, ein erstaunliches Gefühl. Dies spiegelt sich allerdings noch nicht in den Ereignissen meines Lebens. Ich habe versucht, eine Arbeit zu finden, und mir wurde gesagt, ich sei nicht vermittelbar (ich bin über 45). Da ich ein positiver Mensch bin, nahm ich, was das Leben mir anbot, nämlich eine Ausbildung zur Therapeutin. Dies in Kombination mit dem, was ich als wahr erkannt habe, funktioniert gut. Ich habe nicht viele Klienten, aber das Leben hat mich immer ausreichend versorgt und wird das immer tun.

Ich habe meinen ›emotionalen Körper‹* überwunden und habe unglaubliche Erfahrungen von ›Einssein‹ gemacht. Meine Worte können die Vollständigkeit nicht wiedergeben, die diese Erfahrungen gebracht hat. All dies scheint dem nächsten Satz zu widersprechen. Ich ›weiß‹, es ist richtig, wo ich bin, und unwirklich ist die Zeit, aber ich fühle mich immer noch unerfüllt, denn ich habe das Bedürfnis, meine Liebe zu teilen. In der Gegenwart zu leben, ist wesentlich für mich, wenn mein Gehirn auf Zukunft umschaltete, könnte das zu Depressionen führen. Weil ich keine Arbeit habe, keine Beziehung, kein Gemeinschaftsleben, habe ich viele Stunden, in denen ich »denken und lernen« kann. Es wird immer schwieriger, das Denken zu vermeiden. Gibt es irgendetwas, was ich tun kann, außer die Liebe im Jetzt zu leben, was das liebende Gefühl ins äußere Leben ziehen könnte?

Liebe und Licht.

# Die Wahrheit der Liebe liegt im Leib, nicht im Körper

*emotionaler Körper: das unglückliche Wesen in jedem Körper

Liebe Leonore,

wir alle, die irgendwann Gott oder das Leben mehr lieben, werden eine Ebene erreichen, auf der die einzige Botschaft lautet: »Sei still und wisse, ich bin Gott.« Das ist gut, und das ist genug. Da aber unser ganzes Streben darauf aus ist, mehr zu lieben, gibt es ein stilles Wissen in uns, das es nicht genügt, dass die Erfüllung noch nicht gefüllt ist. An dieser Stelle stehst du.

Du musst warten. Das weißt du. Und ich bestätige nur, was du weißt. Es wird sich auch verändern. Es mag sich nicht gemäß irgendwelcher Erwartungen ändern. Aber wenn es dazu kommt – und ich vermute, das wird bald sein – wird es zu einem umfassenderen Gefühl führen, deine Liebe im Dasein zu teilen. Niemand kann sagen, was das bedeutet. Aber schreibe mir, wenn es passiert.

Darf ich dir inzwischen vorschlagen, dass du dich dem Leben wie eine gute Beraterin öffnest? Du hast viel zu geben, wie du an deiner Tätigkeit als Therapeutin gesehen hast. Was ich vorschlage, muss eine psychische Öffnung sein – eine Öffnung in deinem stillen Sein, wann immer du die Straße entlanggehst, im Bus, wo immer du bist, für die Menschen, zum Guten von jedermann. Wenn du mich recht hören kannst, dann ist das bedingungsloses Geben. Denn wir müssen allen wahrhaftig geben oder anbieten, um uns das Recht zum Teilen zu verdienen. (Der Gebrauch deines reifen Menschenverstandes wird dich vor dem Zugriff derer schützen, die noch zu emotional selbstsüchtig sind, um zu empfangen.) Sei aufrichtig. Wisse, was du nicht willst. Aber lass nicht dazwischenkommen, was du nicht magst.

**Wir müssen allen wahrhaftig geben oder anbieten, um uns das Recht zum Teilen zu verdienen**

## Von Gudrun

**Die Wechsel-jahre sind der Anfang des Über-gangs**

*Du bist wahrhaftig ein Verfechter der Sache der Frau. Nachdem ich lange Jahre angesichts der männlichen Sexualität Verzweiflung, Trauer, Selbstzweifel, Verwirrung und Ekel erfahren habe, war es das wunderbarste Geschenk, den Unterschied zwischen Sex und Liebe so deutlich ausgesprochen von dir zu hören: die Bestätigung dessen, was ich schon immer als wahr erkannt hatte. Indem du mit solcher Tiefe und Anerkennung von der Frau sprichst, fühle ich mich das erste Mal gesehen und gewürdigt. Du rufst wahrlich das Bewusstsein der Frau hervor, erweckst das Aschenputtel zum Leben. Und du tust das mit solcher Lauterkeit und Liebe, ohne irgendetwas für dich herauszuschlagen. Ich bin voll tiefer Dankbarkeit.*

*Ich möchte dich etwas über die Wechseljahre fragen. Ich bin Ende vierzig und registriere den Prozess des körperlichen Verfalls.*

*Wenn ich in Mir bin, bin ich mit einem zeitlosen, unwandelbaren Zustand verbunden und fühle die innere Schönheit. Aber wenn ich auf meine physische Wirklichkeit und die Zukunft ausgerichtet bin, erlebe ich Momente der Unsicherheit und Niedergeschlagenheit. Als ich jünger war, tröstete ich mich immer mit dem Gedanken: »Vielleicht bin ich nächstes Jahr schöner«. Jetzt weiß ich, es gibt keine Hoffnung: Von jetzt an geht es immer bergab. Ich frage mich, ob sich der Mann immer noch von mir angezogen fühlen wird, wenn ich älter werde. Wird er meinen Körper auch dann noch lieben können, wenn er sich verändert? Ich habe Angstgefühle bezüglich der körperlichen und geistigen Veränderungen, die in der Menopause auf mich zukommen.*

*Hast du einen Rat, wie ich einen eleganten Übergang durch die Wechseljahre in das Alter schaffen kann? Was ist der Sinn der Menopause?*

*In Liebe und Dankbarkeit.*

Liebe Gudrun,

die Wechseljahre sind der Anfang des Übergangs der Frau vom Sammeln von Liebeserfahrungen hin zur Weisheit und Wahrheit der Liebe. Ihr einst junger, fester Körper fängt an, sich in den Leib hinein zu entspannen, indem sie in sich hinein an einen anderen Ort sinkt. Dieser Ort ist Mir näher, näher dem bewussten Zustand der Freiheit des Todes. Es ist ein Übergang, der einige Jahre dauert, was auch angemessen ist. In dieser Zeit durchlebt sie tatsächlich etwas, was man eine geistige Wiedergeburt nennen könnte. All die Erfahrung, die sie gesammelt hat, vor allem was die Liebe und den Mann betrifft, soll jetzt reifen. Nach den Wechseljahren soll sie eine vollständigere Frau sein. All ihre Zellen werden erleuchtet worden sein durch den Wert, die Tugend ihrer Jahre. Sie ist das lebendige Beispiel des jungen Weins, der, nachdem er sein mittleres Alter erreicht hat, jetzt in Weisheit gereift und bereit ist, seine erleuchtende Nahrung zu schenken.

Ich sage »sie soll«, weil das anmutige Maß dieses Prozesses der Menopause weitgehend durch unsere moderne Wettbewerbsgesellschaft und ihren negativen Einfluss auf das natürliche Wissen der Frau von Leben und Liebe unterbrochen worden ist. Nach dem Übergang soll sie dem weiblichen Guru gleichkommen, der Frau, die erleuchtet ist im Wunder und Mysterium der Liebe, weise in den Dingen der Welt, besonders was den Mann betrifft – die verehrte Lehrerin, das Beispiel oder einfach eine

**Jede Frau durchläuft in der Menopause einen tiefen Reifungsprozess**

reife Frau. Aber das ist heute verdorben durch ihre Ängste, alt zu werden, ihre Identifikation mit dem Körperbild, ihre Zweifel bezüglich der Liebe, ihre Vergleiche mit anderen Frauen – all die negativen Urteile, die von einer ignoranten Hochglanz-Zeitschriften-Mentalität in sie hineingepflanzt worden sind.

Jede Frau durchläuft in der Menopause diesen tiefen Reifungsprozess. Sie geht daraus tatsächlich als eine weisere, mehr liebende und gebende Frau hervor. Aber ihr Verstand verwickelt sie

**171**

oft in eine psychische Schleife, die verhindert, dass sie sich mit ihren frisch erleuchteten Vitalzellen verbindet. Nur selten kann sie aufhören zu denken und emotional zu werden, wie es dein Brief beschreibt. Ihr Verstand, der sich in Kreisen bewegt, entfremdet ihr Bewusstsein von der lebendigen Liebe und Weisheit, die in ihren Zellen lagern. Sie ist zu sehr damit beschäftigt, sich in Konkurrenz und Vergleiche zu begeben und das Vergangene zu bereuen, zu sehr mit ihrem Selbst beschäftigt – der gewöhnlichen Selbstsucht unserer Zeit – um die Vollendung des neuen Vitalkörpers, der jetzt fertiggestellt ist, zu sein und zu genießen.

All dies ist natürlich psychisch bzw. vital. Es ist psychisch/vital – genau wie die Körperzellen psychisch/vital sind – und nicht materiell, wie der Verstand glaubt. Der Körper ist wie eine Fotografie in einer Zeitung. Es ist eine gute Beschreibung dessen, was war, aber nie eine Beschreibung dessen, was jetzt ist. Alles, was vital ist, alles, was Leben ist, ist jetzt in den Zellen.

Was du zuerst tun musst, ist, die Wahrheit dessen zu hören, was ich sage: Sinke anmutig in deine Zellen hinein und lass die Wiedergeburt der Menopause dein Bewusstsein mitnehmen, so dass du als vollständige Frau hervortrittst – gut für die Liebe jedes Mannes, gut für die jüngere Generation und ein wertvoller Beitrag zum unsterblichen Vitalkörper der Menschheit.

# Von Hannelore

*Ich weiß nicht ganz, wie ich diesen Brief beginnen soll, aber vielleicht sollte ich mit dem Ende beginnen und mich von da zurückarbeiten. Mein Mann und ich (15 Jahre verheiratet) haben deine »Making Love«-Kassetten angehört und konnten die Wahrheit in ihnen fühlen. Wir haben beide versucht, uns recht zu lieben, aber in den letzten Monaten habe ich eine Art inneren Block entwickelt und will nicht mehr, dass er in mich eindringt. Ich bin mir nicht sicher, was das bedeutet, weil wir* nie Probleme mit ›unserem Sex-Leben‹ hatten bzw. als wir schließlich welche hatten, unser Lieben in Ordnung zu bringen versuchten.

Vielleicht sollte ich jetzt zum Anfang der Geschichte kommen. Wir trafen uns, als wir beide sehr jung waren. Ich war sehr unsicher. Und da war ein Mann, bei dem ich mich sicher fühlte: freundlich, liebend, respektvoll. Er schien mir wie ein lange verschollener Bruder, und es war zwar keine aufregende Beziehung, aber wir stimmten in den meisten Dingen überein, obwohl ich zur Streitlust neige. Jedenfalls machten wir weiter und hatten immer das Gefühl, dass es mehr Gründe gab zusammenzubleiben, als getrennte Wege zu gehen.

Jetzt haben wir Kinder, und ich habe sehr viel mit ihrer Erziehung zu tun, weiß aber, dass mein Ehemann an erster Stelle stehen muss. Wir wollen beide sehr, dass unsere Liebes-/Ehebeziehung gut läuft, aber irgendwie stimmt damit etwas nicht. Doch der Gedanke, unser Heim und unsere Familie zu zerreißen und den besten Freund zu verlassen, den ich auf der Welt habe, erfüllt mich mit herzzerreißenden Emotionen. Ich habe das Gefühl, dass mein Herz bersten wird. Ich hatte dasselbe Gefühl, als ich deine »Songs of Life«-Kassette hörte. Als du »stand back«[*] gesungen hast. Mir scheint, das Leben verlangt von mir wegzugehen, und ich weiß nicht, ob ich die Stärke finden kann, die ich gegenüber den Kindern zeigen muss. Ich weiß, die Emotionen sind nicht meine Wahrheit, aber ich bin ein sehr furchtsames Kind.

Mir scheint, ich bin hier in einer echten Zwickmühle – nicht glücklich bzw. lebendig in der Beziehung – aber ebenso unglücklich oder sogar mehr mit einer Trennung.

Selbst wenn ich mich trennen würde, müsste ich meinen Mann regelmäßig treffen, um die normalen Abmachungen bezüglich der Kin-

## Der Sinn der körperlichen Liebe ist es, dass die Liebenden fortwährend eine größere Gottesliebe verwirklichen

[*] »Stand back« ist eines der Lieder auf der Kassette »Songs of Life« und enthält den Rat, sich den Forderungen der Person zu verweigern, den emotionalen Forderungen des persönlichen Lebens.

der, Geld etc. zu treffen. (Ich kann im Moment weder sie noch mich finanzieren). Es wäre ein großer Fehler, sich zu trennen, falls es nicht unverzichtbar notwendig ist.

Ich hoffe, Barry, dass du mir die Wahrheit in dieser Sache zeigen und mir den Weg weisen kannst. Im Voraus vielen Dank.

## In unserer Gesellschaft leben die meisten Paare in dieser Lüge

P. S.: Wir fingen vor etwa zehn Monaten an, uns auf rechte Weise zu lieben. Vielleicht habe ich uns nicht genug Zeit gegeben. Er genießt es ganz sicher, wenn wir uns auf diese Weise (ohne Sex) lieben, aber ich habe es nur einmal genossen – beim ersten Mal. Bei allen anderen Gelegenheiten hatte ich das Gefühl, es zieht sich endlos hin ohne ein erkennbares Ziel, und es wird eher zu einem Ausdauertest. Dazwischen sage ich mir immer wieder, dass ich diesen Akt als Opfer für einen höheren Zweck verstehen möchte.

Während mein Körper diesen Mann nicht richtig liebt, ist es ironischerweise derselbe Körper, der dieses Haus nicht verlassen will.

Ich weiß, du wirst durch dieses Kuddelmuddel hindurch die Wahrheit sehen.

Liebe Hannelore,

du bist in einem Dilemma, das viele Eheleute erleben. Du verschließt dich körperlich vor deinem Mann, weil er dich nicht mehr erreicht. Du sagst: »Wir hatten nie Probleme mit unserem Liebesleben«, als ihr das erste Mal meine »Making Love«-Kassetten gehört habt. Aber in Wahrheit hattet ihr welche, oder einer von euch, sonst hättet ihr nicht versucht, wie du sagst, euch recht zu lieben. Was geschah? Beim Anhören dieser Kassetten wurde dir klar, dass etwas in eurem Liebesleben fehlte. Und jetzt hast du dich unterbewusst abgeschottet, wie du in deinem Brief sagst: »Ich bin mir nicht sicher, was das bedeutet«.

**174**  Du sprichst über die Trennung von deinem Mann, sagst aber, dass es ein großer Fehler wäre, sich zu trennen, falls es nicht unverzichtbar notwendig sei.

Warum willst du dich dann trennen? Du bist vom Liebesakt gelangweilt. Alles andere ist okay oder wäre okay, sagst du. Du brauchst neue Energie. Du brauchst einen Mann, der dich mit Inbrunst leidenschaftlich liebt, was dein Mann nicht tut. Ist das nicht die Wahrheit? Das jedenfalls sagst du. Aber in unserer Gesellschaft, in dieser Lüge, die die meisten Paare leben, darf man so etwas nicht sagen, geschweige denn sich dem stellen.

In unserer Gesellschaft bedeutet solche Ehrlichkeit in der Regel das Ende der Ehe. Und zwar deshalb, weil der beleidigte Partner wegen seines oder ihres Mangels an Liebe unfähig ist, sich der Wahrheit dieser Situation zu stellen, nämlich dass die Energie zwischen den beiden erschöpft ist. Oder weil immer die Möglichkeit besteht, wenn einer mit einem anderen schläft, dass der Liebende eine neue Welt der Liebe entdeckt und nicht zurückkehrt.

Wenn derjenige dann zu seinem Partner zurückkommt, wird sich die Situation auf die eine oder andere Weise klären und die Realität der Liebe zeigen, wenn welche da ist. Das Paar wird sich trennen, oder es entdeckt neue Kräfte in seiner Liebe und seinem gemeinsamen Leben. Wenn die Liebe von einem der Beteiligten persönlich genommen wird, wird das zu noch mehr Emotionen und Unglück führen.

Für den Mann ist es oft leichter, in einer erschöpften Situation weiterzumachen. Er kann seine Partnerin zur sexuellen Abfuhr benutzen – wenn sie ihm zugestanden wird oder in Umständen, wo sie sich pflichtbewusst einem »höheren Zweck« verpflichtet oder unterwirft, wie du es von dir beschreibst. Sie ist in der Regel im Sexuellen weniger behende – es sei denn, sie wird von ihm klitoral missbraucht*, wovon sie sich wiederum am Ende zurückziehen wird, weil es ein

## Unsere Gesellschaft und die Religionen haben keine Ahnung vom Sinn des Liebens

*klitoraler Missbrauch: Barry Long lehrt, dass der Mann im Liebesakt die Klitoris aus dem Zusammenhang herausgenommen hat. Indem er die Frau von der Stimulierung

Ersatz für die Liebe ist, der sie nicht erfüllt. Außerdem ist es bei ihm wahrscheinlicher als bei ihr, dass er Phantasien benutzt, um seine frühere Leidenschaft aufrechtzuerhalten. Diese Unehrlichkeit wird auch dazu führen, dass sie sich psychisch bzw. unterbewusst zurückzieht, weil er dabei nicht mit ihr schläft, sondern mit seinen Phantasien.

**Indem du den Mann liebend empfängst, steigt er in seine eigene stille und schöpferische Fülle hinab**

Die Absicht, sich unter den oben beschriebenen Umständen einen neuen Liebhaber zu nehmen, führt nun zu der wesentlichen Frage, was der Sinn des Liebesaktes ist. Ohne das zu wissen und es zu leben, wird der Vollzug der Liebe mit einem anderen Mann entweder in der gewohnten Katastrophe enden und/oder in der Wiederholung des gegenwärtigen Dilemmas – wobei eventuell die Rollen vertauscht sind und der Mann dann in deiner Position ist.

Um die richtige Antwort zu bekommen, damit du weißt, was du tust, und fähig bist, Verantwortung für die Liebe zu tragen, musst du dir diese Fragen zuerst stellen: Erfüllst du mit deinem Mann den Sinn des Liebens nach dem, was du beschreibst? Wenn du einen anderen Liebhaber nimmst, wirst du dann den Sinn des Liebens erfüllen, oder wirst du dich in Erregung verlieren, in der menschlichen Liebe zur Veränderung, oder in der Unklarheit, nicht zu wissen, was du tust? Weil unsere Gesellschaft und besonders die Religionen keine Ahnung vom Sinn des Liebens haben, außer Babys zu gebären, sexuelle Frustrationen und Ängste zu mildern oder einfach Spaß zu haben, ist die Liebe zwischen Mann und Frau zu einer solch tragischen Quelle von Unglück geworden.

Der Sinn der körperlichen Liebe ist immer, dass die Liebenden in eine tiefere Verwirklichung der Liebe Gottes eingehen. Für dich als Frau heißt das, fortwährend tiefer in dein eigenes süßes Mysterium

der Klitoris abhängig macht, wird sie eher auf die gröberen Reize gestoßen, als dass er ihre feineren Liebesenergien berührt, die in den Tiefen ihrer Vagina ruhen.

einzutauchen – d. h. in die Stille und das Wunder Gottes bzw. des Lebens in dir. Die Kraft dieses Eingehens wird von dir dann in dein tägliches Leben getragen, wodurch du wachsende Harmonie, Erfüllung und Autorität in deinen äußeren Umständen und in dir selbst schaffst. Für den Mann, der die Liebe wahrhaftig liebt und ihr dient, ist es dasselbe. Seine liebende Energie trägt dich nach unten, und, indem du ihn liebend empfängst, steigt er in seine eigene stille und schöpferische Fülle hinab. Dann werden beide vom göttlichen Prinzip hinter der symbolischen Vereinigung der Körper von Mann und Frau, die in körperlicher Liebe verbunden sind, aufgesogen. Dann wird, wie gesagt, diese Harmonie in der Welt manifest, indem du der Liebe immer treu bist und einfach dein Leben als Antwort auf jedwede Anforderung des Lebens führst, und zwar ohne Wunsch, Streben oder ängstliche Sorge. Die Liebe dirigiert dein Leben.

Das kannst du nicht in einer gelangweilten oder langweiligen Beziehung verwirklichen. Und du kannst es nicht, indem du promiskuitiv bist. Es benötigt Energie, die rechte Energie in der Treue zur Liebe, wie sie ist, und nicht, wie du sie gern hättest.

Alles, was dahinter zurückbleibt, ist nicht im Sinne dessen, was ich sage. Und meine Worte werden von ausbeuterischen und manipulativen sexuellen Männern und Frauen für ihre eigenen selbstsüchtigen Zwecke und die Fortsetzung des Unglücks benutzt werden.

Du sagst, du hoffst, ich kann dir »die Wahrheit in dieser Sache« zeigen und dir den Weg weisen. Nun, ist das die Wahrheit in dieser Angelegenheit? Es ist dein Leben. Ich kann es nicht für dich leben, und ich kann und werde weder dir – noch irgendjemandem – sagen, was du tun sollst. Ich kann dir nur, weil du mich darum bittest, die Wahrheit sagen, wie ich sie sehe und weiß.

Aber die letzte Frage ist, ist es für dich die Wahrheit?

**Meine Worte werden für selbstsüchtige Zwecke benutzt werden**

177

## Von Carola

**Ist deine Liebe nicht groß genug, um das Ganze zu sehen?**

Seit wir nicht mehr zusammen arbeiteten, habe ich Steve gelegentlich getroffen. Etwa vor einem Jahr kam er in liebevoller Weise auf mich zu, und wir trafen uns wieder öfter und hatten längere Zeit eine (ruhige) sexuelle Beziehung. Dann machte er eine Phase großer Unsicherheit durch. Wir trafen uns weiterhin, hatten aber keine sexuelle Beziehung, weil es irgendwie nicht richtig schien. Doch wir waren in den letzten Monaten oft in meiner Wohnung zusammen und sind sehr gut mit einander ausgekommen. Es ist nicht so, dass ich mich nicht körperlich von ihm angezogen fühlen würde oder ihn berühren möchte, aber wenn es zum Liebesakt kam, schien es nicht richtig zu sein. In gewisser Weise war es manchmal schwer, mit ihm zusammen zu sein, weil er oft ziemlich emotional war oder sich auf eine Art benahm, mit der ich schlecht umgehen konnte. Dann beschloss ich, meine Arbeit, die ich über viele Jahre ausgeübt hatte, aufzugeben und eine Ausbildung zu machen. In derselben Woche, in der eine Ersatzkraft für mich gefunden wurde, starb Osho, wie du weißt. Dies war ein Schock – obwohl okay. Doch dann ging Steve einige Tage später mit einer anderen Frau fort, und das war niederschmetternd für mich. Ich komme damit noch nicht zurecht und kann nicht verstehen, warum ich mich wegen ihm so fühle und nicht bei ihm sein kann. Er sagt, er mag mich, aber er sei glücklich, mit dieser Frau zusammen zu sein. Ich kann verstehen, dass er eine sexuelle Beziehung möchte und sich gut mit ihr fühlt.

Das ist die Situation, in der ich bin. Manchmal fühle ich mich furchtbar, weil anscheinend plötzlich viele äußere Strukturen, in denen ich gelebt habe, verschwunden sind.

Ich danke dir.

Liebe Carola,

wenn du mit dem Mann nicht schläfst, mit dem du zusammen lebst, wird er dich verlassen und zu einer anderen Frau gehen. Oder er wird emotional, hart oder nervös – es wird zu Spannungen kommen, die früher oder später ausbrechen und dich schockieren werden. Du lebst nicht mit einem Mann zusammen, um gut mit ihm auszukommen. Einer von euch wird unehrlich sein – wenn nicht ihr beide.

**Wenn du mit dem Mann nicht schläfst, wird er dich verlassen**

Du warst also schockiert, niedergeschmettert, wie du sagst, als das Unvermeidliche geschah. Du dachtest, es sei in Ordnung – aber es ist nie in Ordnung, wenn du die Tatsachen des Lebens ignorierst, d. h. die Tatsachen von Mann und Frau.

Dann warst du wieder schockiert – ausgerechnet Osho starb. Hast du gedacht, er würde ewig leben? Das hast du. Wieder dachtest du, es sei in Ordnung – aber das war es nicht, oder? Sonst wärst du nicht schockiert gewesen, auch wenn es okay war.

Es war richtig, nicht mit Steve zu schlafen, wenn es nicht richtig schien – solange sich dein Gefühl im Liebesakt bestätigt hat. Sonst könnte es sich um den beliebten Trick des Verstandes handeln, eine Handlung abzulehnen oder außerhalb von ihr zu leben. Auf diese Weise bekommt er ein Gefühl von Erfahrung oder Eigensinn – die Macht, etwas zu entscheiden –- ohne handeln zu müssen.

Alles ist so lange nicht okay, bis du ohne Annahmen lebst. Diese Art von Wachsamkeit oder Präsenz (der Erfahrung) räumt damit auf, sein Leben nach Mögen und Nicht-Mögen einzurichten. Das lässt nicht viel übrig – nur die Macht, die Dinge zu sehen, wie sie sind, und nicht, wie du sie dir gerne vorstellst.

Du wolltest ihn nicht, als du ihn hattest – und jetzt, wo er zu einer anderen Frau gegangen ist, willst du ihn. Das ist ein Trick des Kopfes. Seine Gedanken und Bilder schüren die Emotionen und lenken dich von der Wahrheit ab. Dies, die Wahrheit, hast du in deinem Brief beschrieben.

Du sagst, du verstehst, dass er eine sexuelle Beziehung will (die du ihm nicht geben konntest) und sich mit der Frau gut fühlt. Du hast damit keine Probleme. Denn in Wahrheit, Carol, kann deine Liebe dies sehen und gibt ihm Raum. Das ist der Fortschritt, den du durch dein spirituelles Leben erreicht hast. Deine Liebe und Akzeptanz bzw. dein Verständnis dessen, was die Liebe braucht, ist größer, d. h. unpersönlicher, als du glaubst. Der Kopf, der Denker, will nicht, dass du offen und in dieser Art frei bist. Deshalb schürt er die selbstsüchtigen Emotionen, die persönliche Liebe, und du fühlst dich gespalten.

## Alles ist so lange nicht okay, bis du ohne Annahmen lebst

Du bist das Unpersönliche, Carol. Bleibe bei ihm, sei es: denke nicht zurück. Lass ihn sein, wo er ist. Er ist zu emotional und unsicher für dich. Das weißt du.

Unpersönliche Liebe kennen zu lernen und schließlich zu sein, ist es vor allem, was dich zu Rajneesh oder zu irgendeinem Meister führt. Du bekommst einfach, was du wolltest, obwohl der Kopf das nicht versteht. Hier spricht im letzten Satz des Briefes der Kopf: »Manchmal fühle ich mich furchtbar, weil anscheinend plötzlich viele äußere Strukturen, in denen ich gelebt habe, verschwunden sind«.

Genau. Du bist dabei, destrukturiert, auseinandergenommen, unabhängig zu werden – um für die unpersönliche Liebe, die Du bist, würdig gemacht zu werden.

## Von Anna

*Meine Schwester hat sich erinnert, dass sie von meinem Vater sexuell belästigt worden ist. Wir haben geahnt, dass etwas in der Art passiert war, aber bis jetzt war das alles für mich so vage, dass ich es ignoriert habe. Gestern erst wurde es bestätigt, doch schon fühle ich neue Energie in mir – etwas ist befreit worden. Gleichzeitig bin ich wütend und traurig. Barry, wie vergebe ich meinem Vater? Meine Schwester hat mir die-*

*se Frage gestellt, und alles, was ich sagen konnte, war, sie sollte in Mir bleiben, so weit sie es kann, aber jetzt, wo der Ärger in mir hochkommt, merke ich, wie schwierig es ist, in Mir zu sein.*

*Immer wieder kommen Tränen hoch. Ich versuche, mir keine Bilder auszumalen, nicht auf Einbildungen hereinzufallen, nur einfach zu weinen. Heute Morgen habe ich in der Meditation ziemlich ruhige Tränen geweint. Während des Tages hatte ich das Bedürfnis zu schluchzen, etwas aus der Tiefe meiner Brust hervorzuholen. Ich finde es schwer zu schluchzen, ohne von Mir wegzukommen.*

*Ich merke gerade, dass ich vergessen habe zu erwähnen, dass mein Vater schon viele Jahre tot ist. Es scheint, das ist alles, was ich zu sagen habe.*

Liebe Anna,

hast du deinen Vater geliebt?

Da du wütend und traurig bist und schluchzt, wirst du finden, dass du ihn tief in dir geliebt hast oder liebst.

Selbst wenn du glaubst, du hättest ihn nicht geliebt, um Frau zu sein, wahre Frau, musst du der Tatsache dessen ins Auge blicken, was Liebe ist, was es heißt, Liebe zu sein. Du musst über deine selbstsüchtige, persönliche Liebe, die deine Selbst-Liebe ist, hinauswachsen, sie überwinden.

Persönliche Liebe ist eng und eine Sache der Gewohnheit. Sie kerkert ein Wesen in der Vergangenheit ein.

Ist deine Liebe nicht groß genug zu sehen, dass deiner Mutter Mangel an Liebe die Ursache dafür war, dass er sich physisch seiner Tochter zugewandt hat? Du führst diesen Mangel weiter, indem du mich fragst, wie du deinem Vater vergeben kannst. Siehst du nicht, dass deine Schwester nichts besonderes ist – dass sie nur ein weiteres Opfer des Mangels an Liebe ist, der auf diesem Planeten eine Art Verrücktheit erschafft? Siehst du nicht, dass du in dem kleinen Körper dort für die Liebe verantwortlich bist, so wie ich in

**Persönliche Liebe ist eng und eine Sache der Gewohnheit**

dem kleinen Körper hier? Dass, solange ich das Leben nicht sehen kann, wie es ist, und die Ursachen der Dinge, wie sie sind, ich die Opfer von gestern für die Opfer von heute verantwortlich machen werde? Dass ich so arrogant sein werde zu glauben, dass ich anderen für das, was sie getan haben, vergeben sollte? Dass jemandem vergeben zu müssen heißt, ihn zu verurteilen, auszudrücken, dass du niemals tun könntest, was er getan hat? Siehst du nicht, dass dieser Mangel an Liebe in dir zwischen dir und deinem Partner oder irgendeinem anderen zukünftigen Partner einen Schatten entstehen lässt?

Jeder ist Opfer, nur nicht in gleicher Weise, denn so täuschen wir uns über unsere selbstsüchtige Art von Liebe hinweg.

Wenn du deinen Vater liebst, dann ist diese Liebe für ihn er, selbst wenn er tot ist. Lass ihn durch das Öffnen deines Seins in dir wissen, dass du verstehst, dass du ihm nichts, was auch immer, vorhältst, dass du weißt, dass er so gut er konnte geliebt hat, und dass das genug ist. Sei froh in dieser Einsicht. Die Liebe deines Vaters wird ohne Form oder Information antworten, und du wirst wissen, dass Liebe ist – dass Liebe über Tod und Geburt hinaus wirklich ist.

Dann wirst du deinen Vater zur Ruhe gelegt haben – ebenso wie diesen toten Teil in dir.

## Von Lorraine

*Ich möchte dir zwei Fragen stellen.*

*Ich habe im Moment eine Beziehung mit Sean, die in vieler Hinsicht erfüllend ist, aber ich bin erstaunt, wie abwesend und unabhängig wir uns beide fühlen, wenn wir getrennt sind, als wären wir kein Paar – bis wir körperlich wieder zusammenkommen – dann ist es so, als würden wir uns jedes Mal neu kennen lernen und dann in eine ruhige, manchmal leidenschaftliche, liebende Intimität übergehen, wenn wir uns lieben. Dann trennen wir uns für den Tag, manchmal eine Nacht und sind wieder wie Fremde. Ich bin deswegen nicht beunruhigt. Aber es scheint,* als könnten wir weggehen, und es wäre egal. Sean sagt, das komme, weil wir keine Emotionen haben, aber er findet es auch ungewöhnlich.

Die andere Frage ist – ich scheine nicht zu träumen oder zumindest erinnere ich mich nicht an meine Träume. Woher kommt das?

In Liebe

Liebe Lorraine,

der Schmerz der Vergangenheit (der vergangenen Beziehungen) in dir möchte leiden. Er möchte Sean vermissen, sich Sorgen darüber machen, ob er an dich denkt usw., um den (für ihn) befriedigenden Reiz zu fühlen, ängstlich, allein (ohne ihn) – unglücklich zu sein.

# Der Schmerz der Vergangenheit in dir möchte leiden

Die Frau, die du bist, die wahrhaft liebende und liebenswerte Essenz hinter dieser Unehrlichkeit, ist von dieser »Fremdheit« in eurer Beziehung überhaupt nicht beunruhigt. Sie genießt einfach die Realität von Mann und Frau, wenn sie in Frieden, Leidenschaft, Offenheit zusammen sind – in der Liebe, die höher ist als menschliche Vernunft. Wie wunderbar ist solche Liebe. Du wirst nicht leiden, wenn er stirbt oder dich verlässt, wie es alle Dinge früher oder später müssen. Dasselbe gilt für ihn. Möchtest du, dass deine Liebe leidet? Menschliche Liebe, die Liebe des Leidens, die du überall um dich herum verkörpert findest, tut das. Menschliche Liebe – besitzergreifende, persönliche Liebe – lässt die Menschen leiden und hat dann die Stirn zu sagen, sie möchte oder beabsichtige das nicht.

Der Test für dein Gehirn ist folgender: Genießt ihr die gegenseitige körperliche Präsenz, so dass ihr wirklich zusammen seid, wenn ihr zusammen seid? Wenn die Antwort »ja« ist – dann ist es richtig. Freut euch an einander. Daran erfreut sich Gott.

Wenn du dich nicht an deine Träume erinnerst, dann brauchst du es auch nicht. Denke daran: Gott hat alles in der Hand, so wie die Liebe.

183

## Von Pamela

*Jahrelang habe ich nach verschiedenen Techniken meditiert. Still sitzen: kein Problem, Gedanken kommen und werden fallen gelassen, aber nichts passiert.*

*Die meisten Tage, seit ich letztes Jahr an einem Seminar teilgenommen habe, habe ich die eine oder andere Kassette aus den Serien »Myth of Life« und »How To Stop Thinking« angehört – aber zurück zur Meditation.*

*Wo sind die unglaubliche Stille und der Raum, die Freude, das Erneuernde? Werde ich in der Lage sein, einen ›guten‹ Tod zu erleben, wenn ich nicht in diesem Raum hineinsinken kann?*

*Versteh mich bitte nicht falsch. Ich bin eine junge, fitte 71-jährige Frau. Ich erlebe Freude und (manchmal) Ekstase. Ich lebe allein und bin erfüllt. Ich habe keine Probleme oder Sorgen, das Leben ist gut.*

*Dieselbe Sorgfalt und Aufmerksamkeit, die ich dreimal bei Geburten aufgebracht habe, möchte ich dem Sterben zukommen lassen, wenn es soweit ist. Bitte hilf mir.*

**Nur der Tod des Selbst führt zum Ziel – das Aufgeben jeglichen Wollens, außer nach dem, was ist**

Liebe Pamela,

als du gebärt hast (dreimal, wie du sagst), musstest du am Ende alles Fragen, alles Suchen, jede Wahl, alles persönliche Wollen aufgeben. Es gab nur das, was geschah, der mächtige, unwiderstehliche Vorgang. Es gab nichts zu tun, als sich einfach hinzugeben, zu sein und Zeuge des Seins zu sein.

Der Schmerz hat dich vielleicht abgelenkt, aber schließlich musste sogar die Konzentration darauf verschwinden. Du warst machtlose Wahrnehmung.

Also jetzt, mit 71 Jahren, sollte dich dein langes Leben oder die Wehen gelehrt haben, damit aufzuhören, dich von deinem fragenden, rationalisierenden und entscheiden wollenden (was soll ich als nächstes

**184**

tun) Verstand ablenken zu lassen. Denn es war dieser Verstand, von dem du dich bei der Geburt am Ende abgekoppelt hast – sogar bis hin zu seinen Ängsten – als du dich dem machtvollen fortlaufenden Lebensprozess gestellt hast, so wie er ist/war. Es gibt im Leben keine Wahl, nur im Kopf.

Bitte stell dich also jetzt demselben machtvollen, fortlaufenden Lebensprozess. Er findet jetzt statt. Er findet immer jetzt statt. Kein Verstand, kein Gedanke kann ihn beschreiben oder verstehen.

Tu es. Sei es. Dann ist die unglaubliche Stille und der Raum, die Freude und das Erneuernde.

Die Geburten müssen dir diesen Zustand enthüllt haben, es sei denn, du hast ihn dadurch verdunkelt, dass du die Version deines Verstandes von diesen Ereignissen erzählt hast.

Damals war es eine Frage von Leben und Tod, sage ich dir. Es muss auch jetzt eine Sache von Leben und Tod sein, damit der stupide Verstand aufgibt. Du musst es so inständig wollen, dass du dafür sterben würdest. Dann wirst du die Stille des Todes sein, während du lebst, und du wirst nie mehr recht sterben müssen, weil es schon geschehen ist.

Ansonsten, sei ohne Sorge. Früher oder später, wenn der Moment des Todes kommt, wirst du wieder dieselbe Situation erleben, dass du keine Wahl hast, dieselbe kopflose Unvermeidbarkeit, wie bei der Geburt. Beide sind eine Sache von Leben und Tod und an diesem Ort zerfällt der menschliche Verstand in die Stille hinein – da es nichts mehr gibt, über das es noch nachzudenken lohnt.

Meditation kann diesen Ort nicht erreichen. Sie ist nur eine Vorbereitung, eine Zeitlupenaktivität des Verstandes.

Nur der Tod des Selbst – das Aufgeben jeglichen Wollens, außer nach dem, was geschieht – führt zum Erfolg.

Trotzdem: Fahre weiter fort, dein Bestes zu tun, um dem Leben, der Situation, treu zu sein, und ich garantiere, dass du im Augenblick des Todes in diesen Ort sinken und dieser Ort sein wirst.

**Es gibt im Leben keine Wahl, nur im Kopf**

**Meditation kann diesen Ort nicht erreichen**

185

# Barry Longs Werke

die im Text erwähnt werden

Alle Werke sind auf Englisch erschienen. Wenn bereits eine deutsche Ausgabe vorliegt, erscheint der deutsche Titel in Klammern.

## The Myth of Life
Sieben Kassetten: Eine Reise durch die menschliche Psyche. Teil dieser Serie sind: »Making Love« und »May I Speak to You of Death«.

## Making Love
(auf Deutsch in Buchform: »Sexuelle Liebe auf göttliche Weise«)
Zwei Kassetten: Wie Männer und Frauen lernen, richtig zu lieben.

## May I Speak to You of Death
Kassette: Tod ohne Angst.

## How to Stop Thinking
Kassette: Zehn Lektionen, die helfen, mit dem Denken aufzuhören.

## Songs of Life
Kassette: Autobiographische Lieder, von Barry Long gesungen und kommentiert.

## Talks From Tamborine Mountain
1986—1990 monatlich in Barry Longs Haus (auf dem Tamborine Mountain) aufgenommen und ursprünglich an Abonnenten geliefert: Wie ein spirituelles Leben im Alltag geführt werden kann.

## Barry Long's Journal
Nachfolge der »Talks from Tamborine Mountain«.

## Stillness Is The Way
Buch: Dokumentation eines Drei-Tage-Trainings mit Barry Long.

## Only Fear Dies
(»Den Tod durchschauen«)
Buch: Wie Probleme produziert werden und wie wir zu einer natürlicheren Daseinsform zurückfinden können.

# Index

**187**

# Index

# Index

Sri Sri Ravi Shankar
## Die Kunst des Lebens

128 Seiten
12,5 × 21 cm Softcover
ISBN 3-88755-343-8

Sri Sri Ravi Shankar
## Fragen und Antworten
### über Gott und die Welt

128 Seiten
12,5 × 21 cm Softcover
ISBN 3-88755-344-6

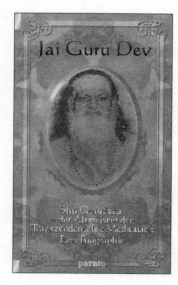

Rameshwar Tiwari
## Jai Guru Dev

128 Seiten
12,5 × 21 cm Softcover
ISBN 3-88755-010-2

Maharani Anand
## Die Herz-Umarmung
Dieses Buch kann Beziehungen heilen

144 Seiten plus CD
17 × 17 cm Softcover
viele Abbildungen
ISBN 3-88755-205-9

Karl-Heinz Koch
## Männer! nehmt Eure Frauen in den Arm

16 farbige Fotokunst-Karten
plus 32-seitiges Textheft
ISBN 3-88755-201-6

*mehr Bücher*
*und Informationen*
*im Internet unter*
*www.param-verlag.de*

Felix von Bonin
## Märchen-Karten

Sie entdecken mit diesen
50 Symbol-Karten
Ihr ganz persönliches
Lebens-Märchen

50 farbige Bildkarten
8 × 12 cm
plus Begleitbuch
144 Seiten
16 × 23 cm
aufwendig gestaltet
in stabiler Box
ISBN 3-88755-206-7

Hans Kruppa
## Zaubersprüche

183 Aphorismen
von Liebe, Leben, Leidenschaft

als Buch
96 Seiten 12 × 17 cm
ISBN 3-88755-208-3

einzeln auf Kärtchen gedruckt
in Präsentierbox
ISBN 3-88755-207-5